区块链+
重构未来商业场景

浩　森◎主编

地震出版社
Seismological Press

图书在版编目（CIP）数据

区块链+：重构未来商业场景 / 浩森主编．— 北京：
地震出版社，2021.8
ISBN 978-7-5028-5321-1

Ⅰ．①区…　Ⅱ．①浩…　Ⅲ．①区块链技术－应用－商业模式－研究　Ⅳ．① F71

中国版本图书馆 CIP 数据核字 (2021) 第 103180 号

地震版　XM4377/F(6115)

区块链+：重构未来商业场景

浩森　主编

责任编辑：李肖寅

责任校对：鄂真妮

出版发行：地 震 出 版 社

北京市海淀区民族大学南路 9 号　　邮编：100081

发行部：68423031　68467991　　传真：68467991

总编室：68462709　68423029

编辑四部：68467963

E-mail：seis@mailbox.rol.cn.net

http://seismologicalpress.com

经销：全国各地新华书店

印刷：三河市九洲财鑫印刷有限公司

版（印）次：2021 年 8 月第一版　　2021 年 8 月第一次印刷

开本：700×1000　1/16

字数：173 千字

印张：14

书号：ISBN 978-7-5028-5321-1

定价：52. 00 元

编委会

序

互联网技术发展到今天，已经全面进入了移动互联网时代，互联网金融也因此而发展得越来越平台化、技术化。与此同时，区块链技术也如从天而降，遍地开花，日益成为全球关注的热点。

最初，区块链是与比特币一起出现的，但作为底层技术，并没有比特币那么备受瞩目。然而，区块链后来居上，其强大的技术优势逐步被应用到各行各业、各个商业场景中。

区块链技术以它分布式的结构，安全、公开、透明、不可篡改等一系列特性，重构了人们的认知。人们逐渐发现，区块链技术就像一个巨大的宝库，目前对它的利用只不过是冰山一角。一旦它的全部能量都被释放出来，将会引爆未来更加多元的商业场景，带来全球化的商业革命。

任何一次技术革命总是悄无声息地到来，然后突然呈现爆炸式成长，给世界带来翻天覆地的变化——第二次工业革命是这样，互联网时代的到来是这样，区块链技术给时代带来的影响也将会是这样。

如今，对“区块链”这个名词几乎每个人耳熟能详，但谈论起区块链技术，大多数人仍然感觉很神秘。的确，区块链技术从概念化的理论到具体应用还有很长一段路要走，真正让区块链技术的应用落地并不是一件简单的事。不过，经历一段时间的积累之后，区块链技术将会从量变逐渐走向质变。

互联网金融其实也经历过类似的阶段，刚开始人们以为互联网金融是泡沫，然而当互联网技术融入我们的生活当中时，当移动互联网时代悄然到来时，互联网金融已经是生活中不可或缺的一部分了。

区块链改变了我们的观念和思维方式，也改变了很多商业模式。区块链技术对于商业的影响是巨大的，甚至可能比对生活的影响还大。

区块链从改变传统商业的底层技术开始，进而冲击传统商业的内容，同时改变传统商业的格局，为传统商业带来全面的改变。

以往的商业信用往往建立在合同或者人与人之间的信任之上，而区块链技术的出现，让商业信用问题能够在技术上得以解决。在重构商业信用场景方面，区块链在银行业的客户信用体系优化、金融基础设施中的去中心化以及国际贸易增信等方面，都有特别显著的帮助。

区块链会催生颠覆性的商业模式和颠覆性的技术，同时也会因此产生出体量更为巨大的企业以及产业主体。被区块链所改变的商业场景将会和现在我们所看到的场景有非常大的区别。传统企业会在区块链技术之下解构，企业的边界将会重构，企业将会变成分布式的企业。企业的构成和整个管理系统，都将因为区块链技术而变得更加先进。

区块链可以在各行各业的方方面面中应用，“区块链+”将会加上众多内容，改变整个商业环境和格局。所有的商业场景都会向公平、公开和安全的方向发展。区块链会引爆未来的商业场景，并且将社会引入一个更为安全、快速、和谐的大环境之中。

目　录

第一篇
颠覆未来的区块链

第一章　火遍全球的区块链现象

区块链技术和比特币相伴而生，一开始它并没有引起人们太多的重视。然而，是金子总会发光的。近几年，区块链技术突然之间火遍了全球，人们对区块链的热情也成为现象级事件。人们开始意识到，这个在以前看似不起眼的技术，蕴含着颠覆时代的巨大能量。

第二章 区块链的进化简史

区块链在近几年才火爆起来，但它其实已经存在很久了，并且经历过两次进化。从区块链1.0时代到区块链2.0时代，再从区块链2.0时代到区块链3.0时代，区块链的进化简史是怎样的呢？

第三章 区块链重构未来商业场景

区块链带来了去中心化的技术，更重要的是它用自身安全可靠的特点，给人们带来了信任，这对于商业来说是非常重要的。区块链用它的技术和信任，给未来的商业场景带来了无限可能，它将重构未来商业场景。

第二篇
从零开始读懂区块链

第一章 比特币与区块链

区块链和比特币相伴而生，想要搞清楚区块链，就需要对比特币有一定的了解。虽然比特币在一些国家受到了管控和限制，但是比特币与区块链之间的渊源很深，了解一些比特币的内容是很有必要的。

第二章 什么是区块链

区块链这个名字如雷贯耳，很多人都听说过它，但并非每个人都能搞清楚它到底是什么。其实，区块链并没有想象中那么神秘，也没有那么难理解，认识到它的本质之后，你就能豁然开朗。

第三章 解读区块链技术

了解了区块链的定义之后，只是对区块链产生了认识，想要对区块链理解得更加透彻，还需要知道它的相关技术。搞懂了区块链的四大技术基础和四大核心技术，再把它的交易流程看懂，就能对区块链有更全面的认识了。

第三篇 区块链重构商业场景

第一章 区块链重建新兴商业模式

区块链技术令原本在互联网技术下飞速发展的企业有了更强有力的技术支持，它能够催生出新的更科学的商业模式。这些商业模式对企业的发展会有极大的好处，对资源的充分利用和生产力的发展也有巨大帮助。

第二章 区块链重建企业系统

区块链对企业的影响是巨大的，它的影响能够深入到企业的整个结构和系统上。区块链可以将传统的企业架构瓦解，建立一个全新的分布式的结构，还可以重建企业系统，并形成共识系统。这样的企业将更强大也更科学，能够在时代的巨变中屹立不倒。

第三章 区块链的应用场景

区块链技术应用到商业场景中，会给商业场景带来全新的改变。这些改变能够让整个商业场景变得更加安全、快速、公平、合理，能够让企业在发展时更顺利也更省心。从这些应用场景中，也能看到区块链技术绝不是空有噱头，它在很多场景中都是可以落实和应用的。

第一篇

颠覆未来的区块链

第一章

火遍全球的区块链现象

区块链技术和比特币相伴而生，一开始它并没有引起人们太多的重视。然而，是金子总会发光的。近几年，区块链技术突然之间火遍了全球，人们对区块链的热情也成为现象级事件。人们开始意识到，这个在以前看似不起眼的技术，蕴含着颠覆时代的巨大能量。

比特币挖矿和交易逐渐在全球风靡

“区块链”和“比特币”是当下最为流行的热词，提到它们，几乎无人不知。区块链是伴随比特币而生的，一开始它作为支撑比特币的底层技术走进人们的视线。比特币刚诞生时，并没有受到如此广泛的关注，不过，当人们意识到比特币的价值之后，比特币挖矿和交易逐渐风靡全球。

一个关于用比特币换比萨的故事，让比特币的价值开始被人们所熟知。人们这才发现，原来比特币是可以和现实联系在一起的，是能够像货币一样使用的。

有一个网络昵称为“laszlo”的人在某论坛发了一个帖子，声称自己要卖出1万比特币。laszlo报出的价格是50美元，现在看起来这个价格并不高，但在当时并没有人愿意买。后来，有人愿意以比萨优惠券来换取这1万比特币，不过优惠券的面值没有50美元那么多，只有25美元。因为没有其他人购买，最后laszlo只能选择卖给这个用比萨优惠券来兑换的人。

当时25美元约相当于150元人民币，所以当时1比特币的价值约为0.015元人民币。可是，在6年之后，1比特币已经相当于3850元人民币。这是多么疯狂的价值上涨！在短短6年的时间里，比特币的价值就涨了25.6万倍！在人类已有的金融、货币以及商业史上，这是从来没有过的事。可以说，比特币创造了一段货币增值速度上的传奇。尽管比特币增值速度堪称传奇，但它也有价值暴跌的风险。如果交易所被黑客攻击，比特币被盗取了，比特币的价格就可能出现暴跌的情况。

因此，比特币是一种价格波动幅度比较大的货币，购买比特币需要保持谨慎的态度，不能失去理性。

比特币虽然能够像现实中的货币一样使用，但它毕竟不是现实中的货币，而是一种数字货币。拥有比特币就像是拥有股票一样，比特币的价值提升了，手中的比特币升值，就能够赚到钱；比特币的价值降低了，手中的比特币贬值，就会赔钱。不过，在比特币刚刚流行时，一般情况下，它的价值会呈现上涨的趋势，这就是为什么人们会疯狂挖矿的原因。最初，人们将自己的个人计算机接入区块链网络，就能成功控制比特币。这也使得全球的区块链网络的算力迅猛增长，对区块链网络的发展具有积极的意义。

随着越来越多的人加入挖矿的行列，全网算力不断增长，这样一来，就需要更大的算力才能够挖到比特币，于是专门的挖矿机被应用到比特币挖矿当中。这时，用普通个人计算机已经挖不到矿了。再到后来，个人很难进行挖矿，需要更大的组织提供更强的算力，才能够挖到矿。普通人对挖矿的热情从此开始减退，但人们对比特币和区块链技术的热情，却并没有消退。

除了比特币挖矿之外，比特币交易也在全球迅速风靡，原因在于比特币交易有很多好处，比如交易费用更低、交易的信息可以追溯、交易的环境更加安全。

我们可以看一看比特币交易的发展历程。

比特币在刚诞生时，只是被用为技术工程师之间的娱乐，属于真正的小众货币。

2009年1月，中本聪给密码学专家哈尔·芬尼发送了10个比特币。

2010年，佛罗里达某程序员买了一张价值25美元的比萨优惠券，用掉1万比特币。

后来，比特币开始慢慢和实物进行交换，也开始有了更大的价值。

现在，世界上越来越多的人接受了比特币，也有越来越多的场所允许使用比特币。因此，比特币和区块链用在交易上，一切都显得理所应当。

因为比特币交易具有很多独特的特点，在方方面面都彰显着它的先进性，所以比特币交易能够迅速被人们认可，并风靡全球。不过我们也应该看到，各国政府对于比特币的态度有所不同。有些国家对比特币持开放的态度，静观其变；有些国家对比特币采取积极的监管措施；有些国家对比特币采取禁止措施。因此，虽然比特币风靡全球，比特币交易也被很多人接受和认可，但对于比特币，人们还是应该保持理性。人们要看到国家对于比特币的态度，不要盲目投入比特币的挖矿和交易中去。

比特币是非常有价值的数字货币，这一点可以肯定。但是，不要过度推崇它，更不要神化它。在看到它价值的同时，还应看到它和现实环境所存在的一些矛盾及其中蕴藏的风险。理性对待比特币的火爆，才是最正确的心态。

全球涌现出众多区块链投资组织

当区块链技术被人们挂在嘴边，每个人都在谈论区块链会给我们的生活带来怎样的改变时，说明区块链已经成为全球最受瞩目的新技术之一。有新技术就要对它有所研究，就要有能够让这种技术落实到应用上的组织，也要有相关的投资组织。因此，众多的区块链投资组织在全球如雨后春笋般冒了出来，它们分散在世界各地，但都有同样的目标，就是将区块链技术更好地应用到现实场景中。

对区块链技术最感兴趣的，首先就是众多的金融机构，因为金融似乎天生就是和区块链技术结合在一起的。金融行业有了区块链技术，很多以前难以解决的问题都可以得到解决，比如各种需要跨行操作的事情，以前需要很大的成本，但有了区块链技术的支持，成本几乎可以降为零。除了降低成本之外，区块链给金融机构所带来的好处还非常多，比如提升工作效率，提升安全性能等，这些都是金融机构梦寐以求的，所以它们对区块链的热情非常高。

区块链技术拥有巨大的潜在价值，各个行业都能从它这里找到适合自己行业发展的属性。因此，不只是金融行业对它充满兴趣，各个行业都是如此。区块链对商业的价值巨大，在没有充分挖掘它的价值之前，没有人能预测出它的价值有多大，只能将它当成一个取之不尽的宝库那样去挖掘。因为任何一个限定，都可能低估了它的能量，限制了开发它的程度。

区块链就像是一个蕴含了无限能量的巨大宝库，吸引着人们去挖掘和探索。世界各国的人们纷纷成立研究组织，对区块链技术进行研究，而在区块链技术方面的投资，也是铺天盖地。

在2018年的前两个月里，全世界区块链的风险投资就已达到130笔左右，所涉及金额高达4亿美元，比2017年最高位金额的40%还要多。从2017年到2018年2月，风险投资主要集中在美国、新加坡、日本、马来西亚、英国以及瑞士。在中国，对区块链的监管相对要严一些，但这也挡不住人们对区块链的热情。

从人们对区块链技术的巨大热情中，我们能够感受到区块链的巨大“魔力”，而这种“魔力”绝不是凭空产生的，它建立在区块链真实而强大的特点之上。在区块链巨大“魔力”的吸引下，众多区块链投资组织纷纷现身。

区块链资本（Blockchain Capital）

2013年，比特币基金会董事会主席Brock Pierce和风险资本家Bart Stephens等人联合创立了区块链资本。这是一家风险投资公司，已经投资了很多企业，现在它在区块链方面的投资已经非常多。

在这家公司的第3期基金募集中，有1000万美元是通过以太坊的智能合约发行代币获得的。该公司表示，这样做主要是为将来私募股权的模式进行一些开拓性尝试。这样做的好处是，投资者手中的基金流动性会更大，他们可以随时把这些基金所有权卖出去，而不用像传统VC（Venture

Capital风险资本）资金那样，需要5到10年的时间才有机会退出。

分布式资本（Fenbushi Capital）

分布式资本是上海的区块链风险投资机构。2015年7月，分布式资本由沈波、肖风和Vitalik Buterin共同创立。2018年1月，有外媒报道Vitalik已经离开了这家区块链风险投资机构。

目前，分布式资本投资了17家企业，有两家企业是领投。其中有几笔投资金额比较大，比如Symbiont 1500万美元的A轮融资和Circle 6000万美元的D轮融资等。分布式资本投资的公司，几乎全都是区块链相关的公司，可以看出分布式资本对区块链情有独钟。

Draper Associates

Draper Associates是风险投资体系Draper Venture Network里有关区块链投资的基金之一，属于硅谷风险投资教父Tim Draper麾下。Tim Draper对区块链的投资乐此不疲，除了这个基金之外，他还联合创立了国际区块链基金和德丰杰投资基金等。

在2016年，Draper Associates就已经完成了1.9亿美元的基金募资，这是第5期。2017年，Draper Associates在区块链领域的投资已经非常多了，其中有：Bitpesa的250万美元A轮融资，Coinbase的1亿美元D轮融资，Ledger的7500万美元B轮融资等。

Digital Currency Group（DCG）

DCG公司在区块链方面的投资是很多的，它可以说是初创企业都想遇到的天使投资者。这家公司在2015年成立，创始人因比特币获得了自己的第一桶金。因此，公司对与比特币相关的领域格外上心。关于区块链方面的投资，这家公司的眼光独到，投资了不少区块链相关的初创企业。与此同时，它自己也成立了一些区块链相关的企业，比如比特币信托公司以及数字货币交易公司等。

DCG在区块链领域的投资并不只是停留在一处，还延伸到各个相关的领域，业务包括物联网、智能合约、金融等很多方面。它所投资的业务在世界各地都有分布，比如中国的比特币交易所、墨西哥的智能合约平台、东非和拉丁美洲的数字货币转账等。

Digital Finance Group

Digital Finance Group是上海的一家区块链投资机构，属于汇银区块链风险投资公司。它的创始人是汇银集团创始人的儿子James Wo，他曾公开表示，Digital Finance Group会将目光放在区块链和比特币上。Digital Finance Group也确实投资了很多和区块链、比特币相关的公司，比如比特币微支付平台、比特币电子商务平台、内容货币化平台等各种类型的公司。

2016年，汇银集团启动了对区块链企业的投资，启动资金是2000万美元。到了2017年，汇银集团对外宣称，它的基金募集金额比预期的还要多，达8000万美元。现在，公司已经投资了很多区块链相关的企业，算上Ledger X的1140万美元的B轮融资，大概已经投资了20家区块链相关的企业。

区块链创业公司热潮在全球爆发

有众多的组织投资区块链技术，当然也会有众多的区块链创业公司出现。实际上，从区块链火爆全球时开始，区块链创业公司的热潮就已经在全球爆发了。虽然有些公司因为技术不够成熟，死在了创业的路上，但这并不会影响到其他公司利用区块链技术创业的积极性。

实际上，我们不用去关注究竟有多少家区块链创业公司死在了半路上，因为创业难免会有失败，这是客观规律使然。我们应该看到的是这些区块链创业公司的巨大热情，看到区块链在人们心中所产生的强大召唤力。人们即便是跌倒在路上，也愿意相信区块链就是未来，甚至跌倒了也愿意爬起来再次冲向区块链技术。这种狂热的程度，是对先进技术的天然向往，是内心深处最强大的力量。

区块链技术唤醒了人们的灵魂，有了这种迫切渴望成功的想法，就算跌倒很多次，也终会成功。而且，尽管很多区块链创业公司死在了半路上，但还是有不少公司闯出了自己的一片天。投资方都很愿意支持这些区块链创业公司，给他们的投资从来都没有间断的时候。在2018年，全球区块链创业公司共获得41亿美元的风险投资。2020年受到疫情影响，全球区块链风险投资有所下降。不过在未来，区块链行业风险投资的金额应该会继续上涨。

下面我们来看一些发展得比较好的区块链创业公司。

Circle

Circle公司是在2013年成立的，现在发展得很不错，有很多投资方都愿意给它投资。仅用了三年时间，该公司就已经完成了D轮融资，融资总金额已经达到1.36亿美元。

Circle公司提供比特币支付应用的服务，可以完成比特币实体零售商线下付款以及比特币在线汇款。用户可以在Circle购买比特币，并将比特币储存在Circle的账户里，也支持用户从这里将比特币兑换成美元，并将美元存到银行账户当中去。

在做支付应用的同时，Circle公司还顺便开发了软件的社交功能。用户不但可以利用它的软件付款，还可以发送消息和图片，从而进行社交活动。

Circle公司提供的服务非常人性化，所以它的用户增长速度非常快。在2016年，它整年的用户增长率竟然超过了1000%，这简直是开启了令人难以置信的飞速增长模式。

21.Inc

21.Inc同样成立于2013年，它的融资也做得非常成功，在C轮融资时，已经累计得到了1.21亿美元的融资额。

在刚开始的时候，21.Inc致力于提供用来针对性提升计算机挖矿效率的特制芯片。这种特制芯片对于做比特币挖矿的人来说，无疑具有非常大的诱惑力。21.Inc的想法是：让比特币网络嵌入未来的物联网以及消费类电子产品里面，让比特币像硬盘一样，成为计算机里的一个组成部分。这样一来，计算机就能够通过发送比特币的形式，实现从其他计算机那里获取计算资源的目的。设备之间也因此能够产生更多的智能互动，而不仅仅只是信息和数据的交换。

21.Inc推出过不少产品，比如以下三个：

21 BitShare，它可以作为一组IP集成到现有芯片组里，也可以嵌入互联网连接的设备里，作为独立芯片而存在，这样就能够产生连续的数字货币流，在各种应用当中得到应用。

21比特币电脑，它是第一台比特币计算机，和普通计算机不同的是，它具有软件支持比特币协议和本地硬件。21比特币电脑能够提供软件以及连续的比特币流，有了21比特币电脑，开发商可以使用比特币购买数字商品以及快速制作任何应用程序。

21 beta，能够在所有Mac电脑以及Linux上运行相关命令行界面，而不再需要使用比特币芯片。

21.Inc的联合创始人兼CEO曾经担任斯坦福大学统计系数据挖掘和计算生物学教授，是一个技术型的创始人。因此，他的眼光和思维可能比较独到，21.Inc在未来的发展是很值得期待的。

Ripple

Ripple和前面两家公司一样，也是于2013年成立的。Ripple对全球金融结算的解决方案进行研究，目标是让银行之间可以直接转账，不再需要代理行参与。而且，还要让银行之间可以完成及时准确的结算，并降低结算成本。

2013年9月，Ripple发布了一个开放的全球性支付结算系统，这是一个开源的软件，它是由连接器和Interledger协议构成的。最近几年，Ripple在交易处理效率和加密安全性能方面做了很多努力，能够让每秒处理的交易数量达到5万笔。

Ripple的扩张速度很快，它不但为各大银行提供支付服务，还会和很多企业进行合作，对产品进行整合以及试验。

Ripple的目光锁定在全球的银行，由于发展得比较早，准入门槛都被它拉高了。因此，它在这方面是具有很大优势的，在未来应该也会发展得比较顺利。

区块链技术在场景的应用探索方面进入高潮

区块链一开始作为比特币的底层技术出现在人们的视线当中，它的应用似乎就局限在货币和金融方面。它虽然作为底层技术出现，但这并不能掩盖它巨大的能量和光芒，人们很快就发现了它的价值，并将它运用到更多的场景当中。

随着区块链技术被应用到更多的场景里，人们越来越发现，它具有无与伦比的巨大价值，几乎能够在所有的行业中得到应用。人们相信，区块链技术一定能够为现在的生活环境带来翻天覆地的变化，给整个社会带来巨大影响，在全球掀起一场技术革命的风暴。在这种理念的驱动下，人们对区块链技术在场景的应用探索进入高潮。

各行各业都努力将自己的行业和区块链技术结合起来。在各种不同的场景，人们都会设想一下，要怎样应用区块链技术，怎样利用区块链技术才能让这个场景变得更科学、更合理、更优化。

区块链技术既然是和比特币一起出现的，那么它当然可以和金融很好地结合到一起。所以，对区块链场景应用的探索，首先就从金融方面开始了。比如，区块链技术如果用在国际支付方面，会是怎样的场景？

在国际贸易当中，支付问题一直是困扰着人们的一个痛点，因为有可能会出现无法结算的情况。辛辛苦苦做贸易，到头来却无法结账，没有什么比这更令人感到无奈的了。但是，国际贸易又不能不做，如果因为支付上存在问题，就不做贸易了，显然是不明智的。所以，人们虽然知道有风险，却不得不继续做下去。

如果将区块链技术应用到国际支付方面，支付环节不但能够有所保障，而且效率会更高，国际贸易中的支付痛点就可以得到解决。

在区块链网络的基础上，把外汇做市商、流动性提供商、传统的金融机构等，都接入到支付网络当中，使之成为支付网关。有了支付网关，现实里的货币就能够和区块链上的数字资产的流动联系起来。也就是说，法定货币能够变成数字资产，让接下来的支付转账变得更加便捷。传统的汇出行、汇入行和做市商等机构，可以和区块链支付网络里的网络连接器连接到一起，将中间交易环节剔除。于是，支付就可以变成点到点之间的模式，支付成本将变得更低，而支付速度则会变得更快。

区块链技术在国际支付场景中的应用，应该会比较顺利，因为区块链技术对金融问题的处理通常是比较容易的。如果区块链技术仅被应用于金融相关行业的场景中，当然不能满足人们对区块链技术的期待。于是人们开始在各种各样的场景中探索区块链的应用，以便让区块链解决各行业中的痛点。

交通出行的堵一直是人们生活中的一个痛点，你坐公交车可能会挤，而自己开车又可能会堵。于是，人们便将希望寄托在强大的区块链技术上。事实上，区块链技术如果应用在交通出行这个场景当中，确实有可能解决人们的出行痛点。

1.用区块链技术对车辆所在的位置进行记录，对交通拥堵的情况进行判断，自动对交通进行疏导。与现有的路况信息类软件相比，这将创造出更好的疏导交通效果。

2.通过区块链的智能合约，对不同路段、不同情况下的收费标准进行调整；同一个路段，当出现不同的路况或者在不同的时间，也可以设立不同的收费标准。

3.对于违章罚款，可以使用电子货币的形式进行即时支付，这样不仅节约了时间，还提升了效率。

4.用区块链技术把车辆和地址绑定，对车辆进行认证管理，就相当于给车辆匹配了一个电子车牌。这样一来，对车辆的管理就会更加方便。

能够用区块链技术顺利解决的交通拥堵问题，看似不是一个多大的问题，但如果认真分析，就会发现它的作用很大，带来的好处也很多。

交通出行的不便，不仅会影响人的心情，同时也会对人们的身体健康带来影响。哈佛大学公共卫生学院曾经对交通拥堵的情况进行过专门研究，结果发现：当交通拥堵时，人们会处在有毒的烟雾当中，这对人们的身体健康肯定会造成危害。另外，交通拥堵也会给城市带来很大的经济负担。

交通出行当中的痛点，并不是只在我们国家存在，在其他国家同样存在。如果区块链成功解决了交通出行的痛点，其实是帮了全世界一个忙。

区块链在各个场景中的应用，被人们不断探索出来。它在每一个场景的应用，都像解决交通出行问题一样，看似是解决了一个点的问题，但产生的影响却有可能是由点及面的、发散性的。随着区块链技术在更多的场景中被应用，它将会逐渐覆盖生活中的各个领域，直至完全融入我们生活的方方面面，像水、电和互联网一样，成为生活中不可或缺的部分。

第二章

区块链的
进化简史

区块链在近几年才火爆起来，但它其实已经存在很久了，并且经历过两次进化。从区块链1.0时代到区块链2.0时代，再从区块链2.0时代到区块链3.0时代，区块链的进化简史是怎样的呢？

简明区块链1.0时代

区块链虽然在近几年才突然火爆起来，但区块链技术其实早就已经存在了，而且它已经经历了三个时代。

区块链1.0时代，是区块链技术最基础也最简明的时代，是货币的时代。

区块链和比特币共同出现，区块链1.0就是以比特币为代表的数字货币应用，它在数字货币的流通和支付中都起到了相应的作用。区块链的去中心化特点，让数字货币变得更加安全，也让支付平台成为去中心化的平台。

区块链技术出现之后，最先受到影响的就是金融行业。由于区块链技术与以往的技术相比，具有更安全可靠的优势，所以各大金融机构纷纷向区块链领域探索。

尽管以区块链技术为基础的数字货币（如比特币）存在这样那样的问题，比如因为数量有限制而出现通货紧缩，价格波动幅度过大，各国政府对数字货币心存疑虑进而加大限制力度，因挖矿而产生的资源浪费，等等。但是，区块链和数字货币给人们勾勒出一幅未来全球货币统一的美好图景，带给人无限的遐想。

基于区块链技术的数字货币，有以下好处：

1.成本更低。因为区块链是去中心化的，由大家共同维护，不需要专门的维护人员，所以成本更低。

2.更安全。区块链的数据都是公开的，很难造假，并且其中任何一个节点出现了问题，都不会影响到整个区块链系统。因此，区块链的安全性非常高。

3.更可信。区块链是建立在一个数学算法之上的系统，这个算法公开透明，任何人都无法凌驾于这个算法之上。因此，在区块链技术当中，每个人都必须遵守它的规则。这使得每个人都是可以信任的。

当然，区块链1.0也有它自身的局限性。比特币的区块大小是1M，当人们对区块链的需求变得更多，交易的频率越来越高时，它的效率就会变慢，转账的速度也变得令人不太满意。不过，如果能够扩容，就可以将这个问题解决掉。

在区块链1.0时代，区块链的技术只是单纯应用在数字货币这一个点上。因此，它只是给金融行业带来了一些改变，普通人无法在生活中感受到它。这就使得区块链的技术没有被人们广泛知晓，很多人也没有意识到它能够给社会带来巨大的改变。

尽管区块链1.0存在一些问题，但它能让区块链技术应用到数字货币上，并且让数字货币产生价值，这就已经算表现得很好了。区块链已经和现实联系到了一起，接下来，区块链技术的发展就变得顺理成章。

进化区块链2.0时代

在区块链1.0时代，金融行业认识了区块链，惊艳于它独特的优点和强大的功能。很快，区块链就进化到了区块链2.0时代。

区块链2.0时代，是区块链进化的时代，是合约的时代。

在区块链1.0时代，数字货币只是拥有了货币的职能，可以流通也可以支付。到了区块链2.0时代，数字货币和智能合约结合了起来，让区块链技术和数字货币能够解决更多的问题，而不单单只是支付。区块链2.0时代让数字货币超越了普通货币的职能，拥有了更广阔的应用空间。

传统合约要靠人来执行，必须找到可靠的第三方来认证，否则就无法令人放心。智能合约让程序算法代替了人，不需要担心公正的问题，也不再需要第三方认证。

自动化的资产、过程、系统的组合与相互协调，这些是智能合约所需要的。合约对新的应用形式进行了十分有效的定义，并且有三个基本要素：要约、承诺、价值交换。于是，区块链就能够从数字货币体系延伸开来，进入到新的金融应用领域，比如在证券交易、股权众筹等方向开发应用。正因如此，金融行业对区块链技术研究的热情变得更高了，大家都希望能够尽快将区块链技术和传统的金融应用结合到一起。

当你在淘宝购物付款时，可以使用支付宝。那么，你的钱会先存到支付宝里，等你收到了商品，确认收货之后，支付宝才会将钱转到商家手里。这样一来，就能避免出现欺诈和赖账的行为。在这个过程中，有商家、买家和支付宝这个第三方参与。

智能合约的作用其实和这个很相似，只不过它不需要第三方介入，并且更加智能和方便，节省了人力和成本。使用智能合约交易，不是把钱放到支付宝，而是把钱放到智能合约所控制的账户当中。当达到了智能合约所规定的条件，比如买家收到了购买的商品，钱就会被自动转给商家。

智能合约可以应用在很多场景当中，不仅仅是购物。比如甲乙两个人约好，说甲如果考试能考100分，乙就要给甲100元人民币，不许赖账。怎么才能让乙不赖账呢？就是事先让乙把这100元人民币拿出来，存在智能合约控制的账户里，并在智能合约里写明：如果甲考试得了100分，这个钱就会自动转到甲的账户里去。这样，乙想赖账也就不可能了。

把规定写清楚之后，智能合约就能够完成非常多的事情，可以很好地解决人与人之间的信任问题。它让区块链能够应用到更多的场景中，也让区块链和人们的日常生活更贴近。

在区块链2.0时代，最鲜明的特点就是有了智能合约。智能合约不需要人去参与执行，也没有人能够改变它的运行，并且不需要第三方是执行能力非常强的执行者。有了智能合约之后，区块链如虎添翼，必然会更受欢迎。

跨进区块链3.0时代

在区块链1.0时代和区块链2.0时代，区块链技术虽然都得到了应用，也有了进化，但仍是围绕着金融领域展开，始终跳不出金融的圈子。跨进区块链3.0时代之后，情况终于有所不同了。

区块链3.0时代，是区块链实现跨越的时代，是区块链跨过金融领域被应用到各个行业的时代。

在区块链2.0时代，智能合约和区块链相结合，让可编程金融成为现实。到了区块链3.0时代，区块链技术冲破了金融领域的限制，被应用到各行各业中，让可编程社会成为可能。

互联网和移动互联网改变了人们的生活，而互联网存在的最大的问题之一就是信任问题。区块链技术能够解决信任问题，让互联网变成价值互联网。区块链可以构建出一个全球化的分布记账系统，这个系统不仅能记录金融交易，也能记录其他有价值的内容，这就是价值互联网技术框架下的核心价值体系的核心。

区块链可以对互联网当中的每一个具有价值的信息和字节进行处理，做产权确认、计量以及储存。区块链不再只局限于金融行业的交易当中，它能够对每一个有价值并且能转化为代码形式的事物进行记录，比如能源、保险理赔、教育程度、医疗过程、共享事物的使用权等。于是，区块链的应用跨过了金融领域，进入到全社会的范围。哪里需要区块链技术，哪里就可以开发区块链的相关应用。

区块链跨过了金融领域，让互联网变成价值互联网，同时也开启了智能化物联网时代。通过区块链技术，将物品接入互联网，能够实现更多的可能，创造出更人性化的生活场景。我们的生活会变得更加智能，我们使用的智能设备会更贴心，仿佛有了生命。

区块链在3.0时代触及了生活的方方面面，和生活全面碰撞，产生了很多耀眼的火花。它让人们不再需要第三方来证明自己，让社会变得更有信任度。它还使信息更安全，并且让信息共享。它让各个领域都不需要再为信任而伤脑筋，让整个社会的运转速度更快、效率更高。它不仅能够应用在普通领域，在司法、医疗等重要的领域，也能够应用。

在区块链1.0和2.0时代，区块链影响的范围是比较小的，而到了区块链3.0时代，区块链已经成为和每个人都息息相关的技术了。区块链将它的强大完全展现在世人眼前，并告诉人们，它是一个生态系统，能做的事非常多，它目前所显露出来的能力，只是全部能力的冰山一角。

在区块链3.0时代，区块链的巨大价值被人们发现，它将改变人们的思维和认知，全面影响社会和人们的生活，重塑这个世界。区块链所带来的革命，在区块链3.0时代才真正拉开序幕，之前的区块链1.0和2.0时代，不过是小试牛刀。

区块链的价值和能量是巨大的，我们要做的就是去接受它、开发它、挖掘它、使用它，用它来改变世界，用它创造出更高效、更便捷、更有信任感的美好生活。

第三章

区块链

重构未来商业场景

区块链带来了去中心化的技术，更重要的是它用自身安全可靠的特点，给人们带来了信任，这对于商业来说是非常重要的。区块链用它的技术和信任，给未来的商业场景带来了无限可能，它将重构未来商业场景。

区块链颠覆现有商业模式

区块链技术对时代的影响是方方面面的，它在商业上的影响是巨大的，它将颠覆现有的商业模式，催生体量更为巨大的企业以及产业主体，那将会和现在我们所看到的有非常大的区别。

区块链最初进入人们的视线，还在一个验证和尝试实践的阶段，现在经过几年的发展，区块链技术已经深入人心，并且逐渐成熟起来，离它颠覆商业模式的时候不远了。一个全新的商业帝国可能会因为区块链技术的成熟而逐渐建立起来。

区块链技术就是分布式的账本，它的核心技术已经确定，想要在这方面进行创新，机会并不是很大。不过，区块链在应用方面还有非常大的发展空间，可以产生颠覆性的观念变化，带来深远的影响。区块链技术在很多行业仍然停留在概念的阶段，想要对它进行实实在在的应用，是有不少制约条件的，还有很多问题需要解决。所以，在利用区块链对技术进行革新时，需要大胆想象并谨慎实践。

区块链技术在各行各业都被重视了起来。很多企业争相开发区块链技术的应用，希望尽早将区块链的技术应用到实际当中，给自己带来更多的帮助。一些大企业在区块链方面的投入比小企业大很多。

百度、阿里巴巴、腾讯等比较强的互联网企业，都在区块链技术上进行开发探索。比如，百度推出了基于区块链技术的原创图片服务平台“图腾”，阿里巴巴用区块链技术实现了食品的可溯源，而腾讯则打造了区块链基础应用BAAS平台。这些都只是这些企业在区块链技术应用探索中的一个小点而已，它们在区块链技术上的布局远不止于此。

大企业纷纷在区块链技术的应用上进行布局，说明区块链技术确实对商业有极大的帮助。区块链技术为什么能颠覆现有的商业模式呢？答案在区块链的价值上。它的价值在于能够让数据变得更加安全可靠，并且让数据变得更加可信。这个价值对于移动互联网时代是巨大的，它能够成为各种新型技术的有力支撑。在它的基础上，一个新的商业模式将会出现。

区块链技术是和比特币相伴而生的，它在金融方面的应用最早，也有最大的发挥空间和扩展余地。区块链对金融的价值当然是非常大的，它能够解决信任的问题，让人们不需要为信任而伤脑筋，继而产生更强的交易欲望，促进整个金融市场的发展。

除了解决信任问题之外，区块链技术也给金融行业带来了巨大的价值，包括降低了金融监督和管理成本，让高效低成本的交易变为现实，对个人隐私信息的高度保护，等等。可以说，区块链技术给金融行业的各个层面都带来了好处，它所改变的是生产关系，所带来的变化是颠覆性的，它会颠覆旧的金融技术，继而颠覆旧的商业模式。因此价值巨大。

区块链所带来的好处和价值，当然不仅是在金融行业。随着区块链技术的发展，它将逐渐惠及各行各业，出现全新的发展机遇。在区块链技术的基础上，传统的商业模式将被颠覆，有可能会出现和现在有着巨大区别的规模庞大的企业以及产业主体，有可能在各行各业催生出很多颠覆性的技术，并出现颠覆性的全新商业模式。

区块链经过几年的飞速发展，吸引了不少人的目光，当然也吸引了大量的人才和资源。有了人才和资源的加持，区块链技术的发展变得更快。当很多人都试图将区块链技术运用到实践中，产生实际的应用时，区块链技术得到了更好的实践，已经从一开始的初步尝试变得更加成熟。在这个基础上，区块链技术在各行各业的具体应用将会很快实现。在不久的将来，也许区块链不但能够在一个行业实现连接，还可以将不同的行业连接起来，让大量的基础设施得以共享。那时，一个全新的共享资源时代就会到来，各种颠覆性的应用也会接踵而至，一个人们从未接触过的商业模式也将拉开帷幕。

区块链技术想要颠覆旧的商业模式，产生全新的商业模式，除了它带来的全新概念和思维方式，其实最关键的还是在各个应用层面的技术落地。不过，区块链技术从概念转化成具体的应用，并非易事，虽然它已经飞速发展了几年，比以前成熟了许多，但是仍然有太多的问题需要解决，有太多的方面需要完善，也会有很多制约条件来限制它的发展。

例如，虽然区块链技术在金融行业已经有了很多应用，可是这些应用大多处于初始阶段，离真正大规模的应用还有一段距离。并且，各种技术瓶颈还需要突破，也还需要时间让整个系统真正整合起来。

区块链可以颠覆现有商业模式，这一点不需要怀疑，但是人们也要清醒地认识到，这个颠覆并不是轻而易举就能实现的，还需要理性看待，不能头脑发热，太过冲动。

第一，应该理智地看待区块链技术，要看到区块链技术给传统商业带来的改变，但不要神化区块链技术。

第二，尽管区块链技术已经在各行各业开始试运用，有各种各样的应用被开发了出来，但区块链技术想要和各个行业真正地完美结合，还有很多的漏洞和缺陷需要弥补，还需要长时间的磨合。

第三，区块链技术虽然强大，但并不完美，还能发展得更好，因此不要放弃对区块链技术的进一步突破和挖掘。

要抓住区块链技术的核心，让区块链和各行各业紧密结合起来。当区块链技术能够和各个行业完美衔接时，它将会给行业带来巨大的帮助。区块链技术能否颠覆现有的商业模式，关键在于它能否真正紧贴行业，以及它的价值有没有被更多地挖掘出来。

区块链，改变传统商业的底层技术

区块链给传统商业带来了巨大的影响，它将改变传统商业的格局，给传统商业带来很全面的改变。但是它不仅仅会改变传统商业的表面，还会冲击整个传统商业内容，首先便是改变传统商业的底层技术。

2018年6月23日，2018全球链界科技发展大会在北京召开。这次大会是由人民网人民创投等公司主办的，目的是探讨区块链技术和传统商业的结合问题，研究区块链将会怎样改变传统商业。

其实，区块链对传统商业的改变，是有目共睹的。但是，人们还没有搞清楚它将会怎样改变传统商业的底层技术。当区块链成为人们关注的热门话题，也因为是下一个“风口”而成为人们争相研究的对象时，很多疑问都出现在大家的脑海里。比如，区块链给传统商业带来的具体价值是什么？到底应该怎样把区块链技术应用在传统商业的底层，以达到促进传统商业发展的目的？怎样通过区块链技术为传统商业进行升级，让它更符合时代发展的需求？

客观来讲，现在的区块链技术还远未成熟，存在着各种问题，比较突出的主要有三个：

1.区块链网络的效率是比较低的，导致其性能不是特别好，因而制约了它的进一步发展。

2.在区块链网络当中，资源利用率不是特别理想。

3.治理结构方面存在着问题。

要想让区块链技术在传统商业方面得到广泛应用，在底层技术上带来更多的帮助，不仅要解决区块链的技术问题，还要考虑到它和实际的业务怎样结合才能更好地融合到一起。

比如，假如让区块链技术和传统商业的进货渠道相结合，怎样让进货渠道变得更安全、更省心呢？怎样去结合能更充分地利用区块链技术，不浪费它的潜力呢？又比如，怎样让区块链技术和消费者购买产品结合起来，让更多的人可以完成拼团购物，并且让拼团购物变得更加科学合理，不会出现假货横行的局面呢？

其实，消费者都想要买到物美价廉的产品。可是，现在的一些拼团平台，往往会出现各种山寨产品。这样一来，消费者的拼团热情就会受到严重打击，拼团购物也会走向一个错误的方向。如果能够运用区块链技术，使得拼团成为一件非常简单的事，让消费者能够自发组团，并且让产品的质量更有保障，那么拼团购物就有可能会成为购物的主流方式。

区块链技术能让拼团变得更加简单，也可以让传统商业变得更加社会化。其实电商已经让传统商业向社会化方向迈进了，而区块链对传统商业底层技术的改变，能够让传统商业社会化的程度更进一步。这样，整个商业模式会更加科学，市场的天花板也会更高，人们能够享受到更为人性化的市场服务。

实际上，区块链技术给传统商业带来的除了技术上的改变之外，还有千金难买的信任。区块链的共识机制，让信任变得不再困难，而不管是什么商业活动，都要建立在信任的基础上。建立了信任之后，底层技术就可以有更好的发展，能够扩展得更广。

区块链技术在传统商业的应用应该如何落地，是一个需要依具体场景去具体分析的问题，不过区块链可以对传统商业底层技术产生深远影响，这一点是不需要怀疑的。未来传统企业的功能定位，会因为有了区块链技术而与以前有所差异，甚至完全不同。比如，一个企业的投资人可能完全不对企业做任何管理，企业的运行、企业资源的获取、企业各种问题的解决等，可能都不再以股东的最大利益为标准，而是以为整个社会提供更好的服务为标准。也就是说，企业可能不再单纯为它的股东负责，而是会对整个社会负起责任。企业成了社会的企业，将给社会带来更多的价值。以前这当然是不可能实现的，但是有了区块链技术后，这将不再是不可能的；用区块链产生的信任，让企业成为给行业解决痛点的企业。这样一来，虽然短期内股东的利益可能会有损失，但从长远来看，其实股东也是可以获利的。这样，企业不但造福了社会，还给股东带来了更大的利益，一举两得，非常科学。

区块链技术不但可以让交易变得更加公开透明和安全，也可以让社交变得更加简单，这对于传统商业来讲，也是非常有利的。其实，随着移动互联网的发展，社交性能对于商业的价值体现将越来越大，这就是腾讯为什么能够利用微信等社交软件而迅速发展的原因。而阿里巴巴一直想要让支付宝变得更有社交性，也是看中了社交对商业的巨大价值。

当社交和交易结合起来，一个问题就凸显了出来，那就是安全和信任。信息泄露让人们觉得非常不安全，尤其是自己的隐私被泄露，会更让人觉得不安，继而信任感也就会大为降低，这样一来，人们就不会再使用软件或者不愿意在平台社交和购物。区块链可以创造一个十分安全的环境，让人们可以放心地进行社交以及交易，解决了信任的问题。这也是区块链给传统商业带来的巨大好处之一，因为当社交和交易完美结合时，对交易带来的好处简直是难以估量的。

毫无疑问，区块链因为它的技术特点，能够给传统商业带来很多好处。它改变了传统商业的底层技术，也就改变了传统商业的根基，让这个根基更加先进也更加牢固。这样一来，传统商业就可以发展得更加稳定和迅速。

价值互联网的快速迭变

自从区块链技术出现以后，给互联网带来了天翻地覆的变化，让传统互联网变成了价值互联网。原因在于，区块链带来了信任，而信任正是互联网上最为缺乏的东西。因为有了信任，人们可以在互联网上进行更加公平的交易，价值互联网也就华丽地呈现在了人们面前。

尽管区块链让价值互联网成为现实，但实际上，价值互联网并非在区块链诞生之后才出现。

脸书以及谷歌都是互联网企业当中的巨头，它们的用户数以亿计，而它们也通过用户使用自己的产品所产生的大数据，获得了收入。不仅如此，这笔收入的数额还相当巨大。这就是利用互联网产生价值，如此说来，这也是价值互联网当中的一种表现形式。

尽管在区块链出现之前，已经存在价值互联网了，但是这种价值互联网容易让那些互联网巨头一家独大，其他企业则受到他们的压制，很难发展起来。区块链的出现，让价值互联网进化了，打破了互联网巨头近乎垄断的状态。区块链让互联网的数据得以重新分配，让信息的所有权出现了变化。区块链技术在保证每个人隐私不被侵犯的同时，还让真正拥有数据的人能够从中获益，而不是只让大企业独占利益。

区块链可以让真正拥有数据信息的人获益，这听起来非常不错，但实现起来却依旧存在困难。即便是目前已经相对成熟的比特币和以太坊，也还没能让这个目标变成现实。

要想让互联网变成真正的价值互联网，在区块链分布式技术的基础之上，还应该能够储存大数据以及对这些数据进行计算。不仅如此，这个储存能力以及计算能力，必须要和互联网巨大的容量相当。

价值互联网经过快速的迭变，已经开始向着3.0时代发展了。我们可以看看它是怎么发展过来的。

首先是价值互联网1.0时代，也就是前面所说的脸书和谷歌等互联网巨头，通过互联网的信息，为自己获取了巨大的价值。这些互联网巨头通过广告来获取收入，一年的广告收入就有近百亿美元。这本来是由使用互联网的用户所产生的价值，是每一个使用互联网的人让互联网有了这样巨大的广告价值，可现在却被互联网巨头所独占。这样的价值互联网价值分配不均，是不太科学的。

然后是价值互联网2.0时代，也就是区块链出现之后，互联网进化到的时代。区块链的分布式技术，让互联网进入到比之前更科学的价值分配时代。不过，由于区块链技术还不是特别成熟，它的数据储存量以及计算能力和庞大的互联网相比，都显得特别有限。因此，它只能限定在一些特殊的领域，比如转账和物流信息追溯等，而不能扩大到所有领域。

在价值互联网3.0时代，区块链技术在使用时突破了数据储存和计算能力方面的限制，达到和互联网体量相匹配的程度。这样的价值互联网，能够让互联网涉及的所有领域，都成为价值分配更合理的领域。

区块链技术给价值互联网带来了快速迭代，不过，从价值互联网2.0时代进入价值互联网3.0时代并不容易。因为区块链技术在储存和计算方面的局限性，并不只是来自它本身的储存能力和算力的不足，还来自区块链技术的设计本身。比如对于比特币来说，它的创造者中本聪在设计时，利用协议以大量的算力使区块链得以正常运行和维护，却无法让这些算力给社区带来更大的帮助。当一个问题与储存以及计算有关联时，总会有一些很难突破的瓶颈。比如只能对小账本数据进行储存，不能对别的数据进行储存；又比如这些算力只能用来做特定的运算，不能参与其他内容的运算等。

不过，中本聪所设计的比特币所使用的挖矿技术，是一个非常好的技术概念。即矿工能够挖到多少价值，取决于他们本身做了多少有价值的工作，提供了多少算力。如果利用这种机制，人们就能够让分布式的分布式储存以及计算模式扩展开来，给区块链网络提供更大的数据储存空间和更强的计算能力。并且，不管是谁，其提供了多少储存空间和算力，都可以得到相应的回报，是非常公平的价值分配模式。

不过，还有一个问题摆在人们面前，就是在挖矿技术当中，数据的吞吐量会有很大的限制。为了解决这个问题，已经有很多新的算法被人们开发了出来。

如果价值互联网3.0时代到来，每一个接入互联网的计算机都会成为一个储存单位和提供算力的单位，每一个挖矿机也将成为一个储存单位和提供算力的单位。这样不但能够降低储存成本，让算力变得非常强大，同时还可以避免数据被一个巨头公司独占，让价值的分配更加公平和科学。

到了价值互联网3.0时代，互联网将真正成为人们生活中不可或缺的部分，并成为人们提供价值和获取回报的最好平台。到时候就不仅是个别行业能够利用互联网的数据产生价值，而是各行各业都可以利用互联网的数据来产生价值。让我们期待这个价值互联网3.0时代快点到来吧，那将是一个多维度的全新互联网时代，充满了无限可能。

去中心化重构商业组织

在互联网时代，给社会带来巨大的价值，并且使自身快速发展的，是平台。从全世界的范围来看，不少互联网企业发展得十分迅速，规模非常庞大，微软、脸书、谷歌、阿里巴巴、腾讯等是其中的佼佼者。这些互联网企业拥有特别高的市值，并且它们的用户数量都特别多，全都数以亿计，远超一般企业。

互联网企业的商业组织是平台式的，可是一般企业的商业组织还是链式的。互联网虽然给人们的生活带来了很多的便利，也让互联网企业飞速发展，可是并没有给传统企业带来超出想象的好处。区块链技术的出现，将用去中心化重构商业组织，让传统企业也能变成平台式的组织，这就给传统的企业也带来了福音。

在中国，消费者的数量是庞大的，互联网上的消费者有7亿之多。当去中心化重构商业组织之后，传统企业变成平台式的组织，也能够享受到庞大的消费者数量所带来的价值。中国互联网上的消费者不但数量众多，而且多数是年轻人，他们是消费的主力，有着活跃的思想和很强的接受新鲜事物的能力。当传统企业将这些年轻消费者吸引到平台之后，能够产生巨大的消费力。

以前创建一个公司，最重要的是要先有一个大的场地，有生产的设备等，然后才是组织架构体系以及管理和寻找人才。但是，互联网企业不一定有多大的场地，只要能够构建出一个网络平台，就可以开始运营公司了。不过，这并不表示互联网企业很容易做，它也有一个复杂的生态体系。传统企业是很难模仿这种体系的，但区块链技术的去中心化特点，让传统企业的组织形式得以重构，也可以做到平台化。

区块链技术的去中心化能够重构商业组织的原因，其实还要从它重构商业逻辑开始说起。

在电商出现之前，人们购物都是到超市、商店等固定的地点，这是分销的体系。产品由厂家生产出来之后，经过层层分销，最后来到消费者的手上。在这个过程中，每经过一个环节，商品的价格就会上涨一部分，所以消费者买到的商品，价格是比较贵的。而且，在不同的地区，商品的价格会有明显差别，甚至是同一个地区的不同商店，商品的价格也可能有很大差别。

随着互联网的发展以及电商的出现，人们开始在网上购物，市场瞬间从受限于地域变成了全国的统一市场，无论是价格还是交易的规则，都是全国统一的。不管是大企业还是小商家，都需要遵守这个规则。这时候，商业逻辑就发生了转变，从区域市场变成了统一市场。

不过，这还是对于互联网企业来讲的，对传统企业来讲，大多数还是以分销的形式销售产品。区块链技术的出现，让去中心化能够惠及传统企业，于是传统企业的商业逻辑也就发生了转变。

商业逻辑发生了转变，那么商业组织发生转变也是理所应当的了。

在传统的商业组织形式下，所有的商业活动，都是在极其有限的数据之下展开的，并没有大数据的参与。比如在某个地区展开商业活动，只看这个地区的数据，一般并不会结合附近地区甚至全国的数据来进行评估和预测。不仅如此，产品在流通时也是单方向的，通常是从厂家出来，单向流通到商家的手上。另外，企业之间在协同合作时，往往也是大企业来支配小企业，属于单向的控制。可以说，是品牌商在控制着整个供应链，品牌商而不是消费者成了价值链的核心。这种组织形式是不科学的，而且容易出问题，一旦品牌商判断失误，就会产生巨大的风险。

去中心化让商业组织形式变成平台网络式的，这种形式让消费者成为整个体系的核心。商品是根据消费者的需求来设计的，商品是根据消费者需要的数量来制造的。这样一来，商品就成了为消费者定制的商品，不会出现产量过多或者过少的问题，既能够避免资源的浪费，又能够满足消费者的需要。

企业之间的合作也会变得更加科学，因为每个企业的信息都可以传递到去中心化的网络当中，这些信息数据会同时被分析，然后得出一个更为科学的结论。数据的产生和传递可能是实时的，并且数据是全方位的，数据的数量也是众多的，这样的数据更有价值，根据数据所得出的结果自然也更有价值。

中国的平台经济在世界范围内都是比较突出的，它给中国人的衣食住行等各个方面都带来了非常大的好处。去中心化的思维其实已经深入人心了，这一点从各种共享经济的发展就能看出端倪。而且，在一些平台上，很多人都在进行闲置物品的买卖，卖掉自己的闲置物品，从别人手中购买便宜的闲置物品。这些其实都能体现出一种去中心化的思想，每个人都是中心，人人都是一个节点。

去中心化重构了商业组织，其实也重构了人们的思想。当更加公平的平台式思维深入人心，各种传统企业也利用区块链的去中心技术实现了商业组织的重构，整个社会都将受益无穷。因为资源的分配将更加合理，价值浪费的情况会变得更少。

智能合约重构商业信用场景

以前的商业信用往往是建立在合同或者人与人之间的信任之上，而区块链技术的出现，让商业信用问题能够在技术上得以解决。在重构商业信用场景方面，区块链在银行业的客户信用体系优化、金融基础设施的去中心化以及国际贸易增信等内容上，都有特别显著的帮助。

没有信用，很多商业活动根本没有办法开展。信用对于现代商法体系来说是非常重要的，它所携带的属性是财产利益的属性，而这正是人们所关注的重点。

区块链能够重构信用场景，主要是因为它自身的技术特点让它有了这样的能力。其技术特点主要有以下4点：

1.区块链脱离了第三方，不需要让信任建立在第三方的基础上，这就让信任变得更加简单，也让信任的成本变得更低。

2.区块链是去中心化的，它的数据非常安全，人们不需要为安全问题花费太多心思。在数据安全的基础上，更容易建立起信任。

3.区块链是高度透明的，它的这种公开透明的规则，让它更容易被人们接受和认可，从而迅速建立起信任。

4.区块链的数据具有不可篡改的属性，这让人们不用担心数据被别有用心的人篡改和利用，对于信任的产生也有十分积极的促进作用。

区块链技术是非常安全的，也是可以信任的。关于这一点，人们已经达成了共识。正因如此，区块链技术能够让商业信用变得更强。区块链技术本身是可以被信任的，而它要应用到具体的场景，就需要用到智能合约。

智能合约就像一个合同，它能够制定出具体的规则。当规则写好以后，就不可更改，也没有人可以抵赖。条件达到了，区块链就会按照智能合约写好的规则来执行，条件达不到，它就不会执行。这比依靠人来执行要可靠得多，因为它不会受到情感等因素的影响，也不会给人出尔反尔的机会。

银行业的客户信用体系优化

银行在现代社会中扮演着非常重要的角色，它是信用中介当中最为主要的一个。为了能够做好信用中介的工作，银行需要掌握很多信用方面的信息。在收集这些信息的时候，银行主要采用人工的方式，既费时又费力，并且，由于银行对数据的处理是中心化的，这就导致数据的安全性得不到保障，一旦数据库被攻击，情况就会非常糟糕。

在中心化的模式之下，想要让数据变得更加丰富以及精细，就要花费大量的成本和资源。银行为了对成本进行控制，将数据搜寻时的焦点放在一些重点客户身上，对潜在客户疏于挖掘，不利于发展更多的客户，并且信息数据的采集效率也不够高。这些弊端，都制约了银行业的发展，也让银行看起来好像是主要为财富比较多的人服务一样，失去了大部分零散的用户。

其实银行对于数据的采集本来可以更轻松，还可以挖掘到更多的潜在用户和零散用户，要想做到以上两点，只要充分利用网络上的数据就可以实现。比如，用户交通出行、网络社交以及消费时产生的数据，都可以帮助银行对用户进行评定，发现潜在用户。不过，这就需要区块链技术的支持了。

区块链网络可以让整个社会的数据网络呈扁平化，让这些数据变成共享的。要让银行取得更多的数据，可以通过智能合约来实现，用智能合约将用户数据的采集、评估以及管理等变成自动化的。这样就可以降低成本，节省人力资源，并且取得非常好的效果。

金融基础设施去中心化

有了区块链技术，人们在交易时可以不受第三方的影响，只要交易的双方确认就可以了，于是点对点交易就实现了。传统的金融是中心化的，当去中心化的点对点交易逐渐成为主流，金融基础设施的去中心化也势在必行。另外，支付清算体系也将因此而产生相应的变化，而且这个变化会很大。

传统的交易，是要有一个权威级的中央银行信贷系统来负责的，然后利用这个机构来确保交易正常进行。这就让交易过程变得复杂，降低了交易的效率。区块链技术的出现，让信任成为一件很自然的事，不需要其他机构介入。这样一来，交易的速度更快了，人工的成本省去了，整个金融基础设施都建立在一个去中心化的体系上，人们无须考虑信任的问题，因为信任已经成了一个背景式的固定条件了。

在这个去中心化的拥有足够信任的金融基础设施体系当中，智能合约会扮演一个重要的角色，因为一切交易都是由智能合约来操控的。如果没有智能合约，交易就无法正常进行。一个科学合理的智能合约，能让人们在互相信任的同时，得以正常进行交易。

国际贸易增信

纸质信用证是在国际贸易当中用来解决信用问题的凭证。它虽然能够解决信用的问题，可弊端在于，为了确认这些文件是真实的，就必须进行核查，这就要花费人力和时间，进而减缓办事效率。而随着科学技术的发展，仿造文件的技术也花样翻新，这就给相关部门的审核带来了各种麻烦，也给国际贸易带来了更多的隐患，同时影响到信用。

区块链技术能够让国际贸易增信问题变得简单起来，它安全可信的特性，让国际贸易的信用有了保障。运用区块链技术，传统的纸质提单变成了电子数据，执行支付由智能合约来控制，人们无须再为信任问题而烦恼。

用智能合约来控制支付和交易，能减少人力的使用，也能节约时间。而区块链所带来的安全性，也是不需要担心的。随着国际贸易中的信任强度迅速增加，欺诈会越来越少，人们在进行国际贸易时也会越来越放心。

第二篇

从零开始读懂区块链

第一章

比特币
与区块链

区块链和比特币相伴而生，想要搞清楚区块链，就需要对比特币有一定的了解。虽然比特币在一些国家受到了管控和限制，但是比特币与区块链之间的渊源很深，了解一些比特币的内容是很有必要的。

比特币运行原理

比特币火爆全球，很多人都听过它的名字，也知道它是一种数字货币，但是，比特币的运行原理是什么，很多人都不了解。

我们平时使用的货币，是国家发行的。如果用信用卡购物或者使用移动支付来消费，就是你存款的数字信息代替了真实的货币。其实说到底，比特币就是一个有余额和用户姓名的数字文件。只不过，它不是任何国家发行的货币，而是一种约定俗成的有价值的数字货币。

玩过腾讯游戏的人一般都知道，在腾讯的产品中，可以使用腾讯的专用货币“Q币”。“Q币”可以用人民币购买，但只能在腾讯的游戏中使用，无法用在现实生活中。比特币不一样，在某些国家它是可以进行买卖的，因为大多数人承认它的价值，也有人愿意购买它。

比特币的这个特点有些像黄金，因为黄金也不是由国家发行的货币，而是在全世界通用的天然货币。不过，比特币的价值波动非常大，这点和黄金有很大区别。

比特币不是国家发行的货币，它因得到大部分人的认可而产生了价值，成为数字货币。这就涉及了信任的问题——大家必须信任比特币，知道它不会出问题，才能够安心使用它。区块链技术解决了信任问题，让比特币能够被大多数人信任和接受。

国家发行的货币有国家来做保障，人们对比特币的信任是通过区块链机制实现的。区块链将人们联系到一起，提供一个可信任的平台，并且有流程与相应的机制来保障。比特币的总量不是无限的，它到达一定的数量之后就不会再增加。按照现在的比特币生产情况，大多数人认为，到2140年前后，比特币的数量就会达到最大值。即便比特币的数量还没有达到最大值，比特币的出产率也会随着数量的增加而减少。这就使得比特币的价值有了保障。

有了区块链技术的支持，加上去中心化的属性，没有人可以随意操控比特币；每一个使用比特币的人，都会有一个自己的账本。不过，随之也会产生一些问题，比如同步性、交易顺序、发行等问题，具体内容如下：

1.人们在使用比特币交易时，会向所有比特币使用者发出信息。这样，所有人的账本都会更新。这笔交易就被记在了每个人的账本上，想赖也赖不掉。

2.交易顺序也是很重要的问题。如果不能确定交易顺序，很有可能会出现重复使用比特币的情况。

假设一个人的账户里只有一个比特币，他用这个比特币和别人进行了交易。交易完毕后，这个人的账户里已经没有比特币了，可因为网络延迟问题，网络上其他人的账本还没有更新。于是，他又用空的账户，和别人做了一个比特币的交易。

为了不让这种情况出现，在用比特币进行交易时，区块链使用了单一货币事项处理顺序锁定的方式。这样一来，就不会再有重复交易的事情发生。

3.生活中的货币是由国家发行的，而比特币的发行权在每一个用户的手上。中本聪在创造比特币时，规定了比特币的总量，同时也把比特币的生产权给了用户。正因如此，比特币挖矿才会风行一时。

比特币的组成要素

比特币在全世界范围内的火爆，让很多人对比特币产生了浓厚的兴趣。他们摩拳擦掌，四处搜集相关资料，想要学一学比特币的知识。可是，人们在看了很多内容之后，却如坠入云雾中，还是不知道比特币到底是怎么回事。

其实，要真正搞懂比特币，就要知道比特币的组成要素。比特币由四大要素组成：比特币软件、比特币网络、比特币协议、比特币数据库。从比特币的组成要素中，就能够看到比特币的核心本质。

比特币软件在全世界使用比特币的用户的电脑上运行。用户使用比特币的协议进行信息往来，形成了一个庞大的比特币网络，通过这个比特币网络，他们建立了一个相同的比特币数据库。通过这个网络，用户能够共同维护和更新这个数据库。

综上可知，比特币就是一个在比特币网络上使用的货币，因为它的安全可靠性能非常强，所以人们愿意信任它。于是，它的价值延伸到了现实生活当中，成了一种得到很多人认可的数字货币。如果它不是建立在区块链技术的基础上，没有安全可靠的特点，那么它所受到的待遇大概只能和网络游戏里的虚拟游戏币差不多。

比特币的组成要素，和互联网其实很相似。互联网是一台台使用IP软件的个人计算机，在服从IP协议的前提下互相传递信息，从而形成的一个巨大的IP网络。在每一台个人计算机那里，都有一个独一无二的IP地址。

不过，比特币之所以有巨大的价值，是因为它能够在P2P（点对点）网络上面产生一个值得信任的、安全可靠的数据库。这个数据库很难被人篡改，大家都愿意去相信它。以前人们都希望在网络上找到一个可以互相信任的方法，而比特币携区块链闪亮登场，让这个夙愿得以实现。

比特币的数据库是非常强大的，它在理论上能够无限扩充下去，所有类型的数据都可以在这里储存。不过，因为比特币是一种数字货币，所以在一般情况下，这个数据库还是用来实现它的货币功能，当成账本来储存各种账目。这也是当前比特币数据库的主要用途。

当然，一些建立在比特币数据库上的其他功能，也已经有人进行过开发了，比如证券交易、域名注册等。然而，这只是一些简单的尝试，比特币数据库的用途很广，有待人们继续开发和使用。

比特币数据库和比特币协议，在数字货币的使用上是最先成功的，因此具有非常大的“顶端优势”。尽管现在数字货币不止比特币这一种，但是，其他数字货币的数据库和协议，是很难和比特币抗衡的。如果不出现重大的意外，比特币数据库会成为人们使用的主流数字货币数据库，而比特币协议也会成为一种类似于互联网IP协议的标准协议，被大家所认可。

了解了比特币的组成要素之后，就不难发现比特币相比其他数字货币来说更具优势，而比特币的价值不单单体现在比特币本身的价格方面，还体现在它的数据库和协议等方面。比特币的价值是一种整体的价值，因此不要只把目光放在它的价格上。

比特币与挖矿

比特币的火爆，也让挖矿火了起来，很多人都加入挖矿的行列当中。那么，比特币挖矿到底是什么意思呢？

挖矿其实是一种比喻，挖的不是矿而是比特币。

比特币建立在区块链技术之上，它的产量并不高。区块链技术的区块和账单相互对应，将所有的区块连接到一起，就是区块链。每过一段时间，比特币系统就会在系统节点上生成一个随机代码，找到这个代码，就会形成一个区块，继而得到相应的比特币。在互联网中的计算机都可以去寻找这个代码，谁能够找到，谁就挖到了矿，而寻找代码的过程，就是挖矿。

这样说可能不太明白，举个例子就容易理解了。

有人拿出一块金子，并在金子上写上一串数字，然后告诉大家，谁能够猜出这块金子上的数字，他就把这块金子给谁。于是，为了得到这块金子，人们就争相去猜。人们猜数字的这个过程，就是挖矿。谁猜到了金子上的数字，谁就能得到金子，也就是挖到了矿。

这块金子被人拿走之后，过了一段时间，这个人又拿出一块金子，还是写上数字让人猜，谁猜到了他就把金子给谁。但是，这个人不是开金矿的，他所拥有的金子总量是有限的。而且越到后面，这个拥有金子的人拿出金子所间隔的时间就越长。不仅如此，他在金子上所写的数字也随之增加。于是，人们想要猜到金子上的数字，花费的时间和精力也就越来越多了。

但是，为什么不能把金子直接给人们，却要人们去猜数字呢？

第一，人们在猜数字的过程中，付出了劳动，产生了价值，金子只是一种刺激大家劳动的东西。第二，如果得到金子太容易，可能就会有人来扰乱秩序，因为谁都想得到金子。可是，人们需要猜对数字才能得到金子，也许要猜个一年半载，付出的时间和精力可能比金子本身的价值还大，投机的人就不会来了。

中本聪创造出比特币时，就已经想到了可能会有人来攻击比特币系统。但是，比特币挖矿需要很大的算力，如果有人想攻击比特币系统，篡改账本，那么他需要有特别强的算力，付出难以估量的成本。因此，基本没有人会去做这样的傻事。

除了确保比特币系统的安全之外，挖矿对于比特币系统来说是特别有意义的。比特币其实就是建立在一个P2P的网络上，需要有计算机来提供算力，以维持这个网络的运行。众多计算机参与到挖矿的过程中，也就给比特币的网络提供了保障，让它能够正常运行。

需要说明的是，挖矿虽然能赚到比特币，但它可不是一件容易的事。刚开始挖矿的人少，可以用普通计算机来挖矿，但随着挖矿的人越来越多，需要不断升级计算机的配置。现在，普通计算机已经挖不到矿了，人们必须用算力强大的挖矿机来挖矿。

这就相当于一开始只有一个村子的人在猜金子的编码，后来全世界的人都在猜金子的编码，只有猜得特别快，才能成为第一个猜到编码的人，并得到金子。

比特币与其他数字货币

数字货币是电子货币形式的替代货币，英文名是"Digital Currency"，简称DIGICCY。数字货币和网络游戏中的虚拟货币不同，后者只能用在网络游戏里，而前者能够直接用在真实的商品购买中，也能够直接用于购买服务。

比特币

从目前来看，比特币是最具有价值的数字货币，它建立在区块链技术的基础之上，能够确保各个环节的安全。从技术上来讲，比特币只可以被它的拥有者使用，别人是很难盗取它的。而且，拥有者使用它的次数只能是一次，转出去之后就失去了它的所有权。由于比特币的数量有上限，而且数量并不是很多——2100万，所以它的通缩属性非常强。

莱特币

莱特币是一种加密的数字货币，它和比特币十分相似。莱特币是从比特币发展而来的，它对比特币的源码进行了改进。相对比特币来说，莱特币的数量更多，上限为8400万。而且，莱特币产生的速度与比特币相比更快，即便没有专门的挖矿机，使用普通计算机也可以挖掘出莱特币。

达世币

达世币相对比特币而言是一种山寨版的数字货币，它的优势在于匿名性很强。匿名性满足了投资者对隐私的需求，因此它被一些投资者所青睐。除匿名性外，达世币还有不少创新性内容。

艾达币

艾达币对比特币进行了技术改良，相对比特币来说，它的总数量相当可观，为45亿。其中，参与认购的是30亿。总量为45亿的艾达币是这样分配的：25亿艾达币用在平台认购上，5亿艾达币作为公司的资金，15亿艾达币作为奖励一直发放。

新经币

新经币是用java开发出来的数字货币，它有一个解决方案堪称是革命性的，就是能够解决挖矿设备之间的竞争问题，避免资源浪费。新经币的总量比艾达币还多，约为90亿。

瑞波币

瑞波币的数量非常多，总数最高为1000亿。瑞波币在一个点对点支付网络上使用，而且源码是开放的。因此，人们可以将它转给互联网上的任意一个人，整个过程简单又安全，还十分廉价。人们在网上用瑞波币交易时，会产生交易费用，但是这个费用非常低。它的交易确认时间比比特币要短得多，仅为35秒。

恒星币

恒星币是瑞波币创始人发起的一个数字货币项目。这个项目主要是想要建立一个去中心化的网关，让数字货币和法定货币之间传输更为简单。恒星币和其他数字货币的获得方式有所不同，它大多是免费发放给用户的。恒星币的最大总量和瑞波币相同，也是1000亿。在这1000亿恒星币中，有95%是免费发放给用户的。

币种选择

尽管数字货币有很多种，但是比特币是最广为人知的一种，它的优势是不言而喻的。数字货币的潜力巨大，但风险总是和机遇并存的。要选择技术更成熟，被更多的人认可的币种，并且去大的交易平台进行交易，这样才能尽量规避风险，让数字货币给自己带来好处而不是损失。

获取比特币的几种方式

比特币能够作为货币使用，有自己的价值，被多数人认可，并且还有很大的升值空间。比特币既然有价值，就会有人想要拥有它，那么，怎样才能获取比特币呢?

通常情况下，人们有三种获取比特币的方式：挖矿、买入、换取。前面我们说过，现在都是使用专门的挖矿机进行挖矿了；买入就是在交易平台买入；换取是用产品或者服务来换取，属于等价交换。

挖矿

挖矿是比特币新手们最喜欢的一种获取比特币的方式。我们在前面已经介绍过比特币挖矿，在这里主要讲一下具体怎么挖矿。

比特币在没有达到它的最大数量之前，会不断被生产出来。根据比特币的生产规则，每个人都可以下载相关的软件，然后通过运行软件来制造出比特币。不过，因为挖矿的人特别多，竞争十分激烈，想要挖到矿就必须拥有非常高的算力才行。

如果现在你想要挖矿，必须拥有算力十分强大的挖矿机，否则只能徒劳无功。

买入

现在挖矿获得比特币的方法，不是一般人能够用的，但是如果你有钱，可以通过买入的方法获得比特币。

在交易平台用普通货币买入比特币就可以了。比特币的交易平台有很多，俄罗斯的BTC-e和日本的Mt.Gox是其中两个比较大的交易平台。比特币的价值是完全受市场影响的，任何时间都可以进行交易，它没有任何涨跌幅度的限制。

正因为比特币的价值完全由市场来决定，再加上比特币的总市值其实并不算特别大，因此，庄家操控比特币的价格，使得价格暴涨暴跌都是可以实现的。所以，购买比特币应该保持谨慎的态度，它可能比买股票的风险要大很多。

另外，比特币交易平台相对来说是最容易遭受黑客攻击的一个部分。黑客攻击交易平台，导致交易平台关闭以及比特币丢失的情况发生过不止一次。因此，购买比特币之后，为了增加其存放的安全性，可以将比特币放到自己的离线钱包里进行保存。

换取

有钱的人用钱购买比特币就可以了，但并不是每个人都有那么多流动资金。不过没关系，不管你是否有流动资金，如果你想要得到比特币，还可以使用产品或者服务来换取比特币。因此，不用担心你的资金周转不开，只要你有产品和服务就行。

某研究比特币的社团，非常支持比特币发展，并且提供用产品兑换比特币的服务。刚开始，社团所提供的服务还不是很成熟，但是社团里所有人的热情都很高。他们做了一个拍卖平台，在这个平台，只接受比特币付款的方式。因此，谁想要用产品换取比特币，就可以将产品放到他们的平台上拍卖。这样，想用比特币买东西的人和想要用产品换取比特币的人，都可以通过这个平台来满足自己的需求。

因为比特币能被换成钱，所以用产品或者服务来换取比特币，和用产品和服务赚钱是一个道理。如果比特币能够成为使用频率更高的货币，那么它对人们来说会有更大的实用价值。

第二章

什么是区块链

区块链这个名字如雷贯耳，很多人都听说过它，但并非每个人都能搞清楚它到底是什么。其实，区块链并没有想象中那么神秘，也没有那么难理解，认识到它的本质之后，你就能豁然开朗。

区块链的定义

区块链大火，每个人都听过区块链的名字。但是，大部分人对区块链只有一个模糊的概念，并不能说清楚。现在，我们就来具体说一下，到底区块链是什么。

区块链的本质是一个账本。它之所以被人们重视，是因为这个账本和以往的账本不同。以往的账本是中心化的，而区块链这个账本是去中心化的。也就是说，以前我们把账记在一个地方，只要把数据毁掉，这个数据就没了，区块链则是把账记在很多地方，就算有人能毁掉一处地方的数据，他也无法毁掉所有的数据，账本依然完好无损。

区块链当然不像我们平时的纸质账本那么简单。它是一整套记账系统，而这个系统是去中心化的。区块链技术包含了分布式数据储存、共识机制、加密算法、点对点传输等计算机技术。各种技术结合起来，让区块链成为一个去中心化的庞大数据库。

在记账时，账本上的内容必须是唯一确定的，因此，记账看起来就应该是中心化的。如果你也记账，我也记账，结果大家记的账不一样，应该相信哪一个？这就会造成很多麻烦。所以，在信息技术还不发达的时代，所有的账本都是中心化的。然而，中心化记账的方式，有不可避免的缺陷，就是容易被篡改数据，而且一旦数据被篡改，就无法挽回，会导致巨大的危机。

其中一个典型的例子，就是安然公司的破产。安然公司前一年还是营业额高达1010亿美元的巨头公司，后一年就因为会计做假账的丑闻而破产，令人不胜唏嘘。可见，中心化记账方式的弊端，足以产生令一个大企业瞬间倒塌的巨大危机。

中心化的账本存在了很多年，而区块链的出现打破了中心化账本的规则。区块链的账本是去中心化的，它能够让多方参与进来，让一个账本得到多次复制，并将账本以分布式的方式储存起来，篡改其中的数据简直难如登天。有了这样一个账本，不要说会计做假账，任何人想要做假账或是攻击账本，几乎都是不可能的。

区块链让多方参与到记账中来，不需要去信任任何人，因为它本身就是一个可以信任的系统，不管别人可不可信，系统始终是可信的。即便是互相完全不信任的几个人，也能够通过区块链来完成交易，因为在区块链技术下，没人能够耍诈。正是因为这个特点，让区块链可以被放心使用。

区块链这个去中心化的账本安全又好用，很快便得到了人们的一致认可。区块链成了最火爆的技术，并被认为是能够改变社会和未来的技术。当所有人的智慧都集中起来，区块链的发展会更迅速，而且它会变得更强大，从而拥有更广泛的用途。

区块链的四大特点

知道了区块链是一个去中心化的账本之后，并不能完全了解区块链。想要对区块链有进一步的了解，就要知道它的四大特点。四大特点内容具体如下。

开放，共识

区块链是一个开放的系统，只有交易者的个人信息会被加密，而区块链的所有数据都是对大众公开的。这是一个完全开放的系统，也是一个完全透明的系统。每个人都可以在公开的接口去查询区块链的数据，也可以利用区块链技术来做各种相关的应用开发。

区块链技术的核心是共识，因为只有当大家达成共识之后，这个去中心化的结构才能够得到信任，它的存在才是合理的。在中心化的系统中，达成共识非常简单，只要相信那个权威的账本就行了，但是在去中心化的系统中，达成共识就要困难很多。

区块链的共识机制是建立在算力竞争和比特币奖励之上的。人们为了获得比特币而进行挖矿，算力胜出的人获得比特币奖励。因此，人们自发地维护区块链和提供算力，区块链也就成了一个自治系统。

去中心，去信任

去中心化是区块链的一个明显特征，或者说是最根本的特征。从区块链诞生时起，去中心化就被人们看成它的一个核心属性。

对于计算机软件来说，中心化和去中心化的区别可以从三个方面来看：架构、治理、逻辑。架构中心化即当系统的多个节点处于崩溃状态时，系统仍然可以运行。治理中心化即需要多少人和组织可以操控整个系统。逻辑中心化即系统所呈现出来的数据以及接口是不是统一的。

从架构和治理层面看，区块链都是去中心化的，因为区块链系统中有节点崩溃时，对整个系统的影响不大，并且系统很难被人操控。尽管区块链是一个整体的数据，各个区块的数据相同，这是中心化的属性，但总的来说区块链是去中心化的。

区块链是依靠系统的安全可靠来赢得信任的，而不是靠人的信用来赢得信任的。即便是一个完全陌生的人，我们也可以去相信他，因为在区块链的运行条件下，他无法弄虚作假。了解一个人是很难的，信任一个人也是很难的，但信任一个系统却很简单。区块链给人们提供了一个可信任的系统，解决了信任的问题，让很多事情变得简单起来，也让信任更容易被建立起来。

交易透明，匿名性

公开透明是社会活动和经济活动中都备受关注的问题，但要真正做到透明并不容易。区块链上的交易都是公开的，所有人都可以查询相关的交易信息，不会受到限制。因此，区块链做到了高度透明，满足了人们对信息透明的需求。

在信息高度透明的同时，人们还需要有自己的隐私。因此，区块链的另一个特征就是匿名性。用户的个人信息是被加密的，别人看不到。区块链满足了用户保护隐私的需求，是它受到大家的欢迎和喜爱的原因之一。

其实，匿名性是建立在去信任化的基础之上的。正因为区块链是一个去信任化的系统，所以人们不需要用身份来取得别人的信任，匿名对交易不会产生影响。

不可篡改，可追溯

区块链上的信息非常安全，因为它的信息是不可篡改的。当一条信息经过验证之后，就会被添加到区块链上，每一个区块都会将这个信息储存上，并且，这种储存是永久性的。任何一个节点出现了问题，都不影响其他节点的数据。假如有人想要篡改数据，他必须改掉区块链系统中超过50%的节点中的信息，这几乎是不可能的。因此，一般认为区块链上的信息是不可篡改的，具有安全、稳定、可靠的特点。

区块链上储存了从区块链开始时起的所有数据，任何一个数据都能够在链式结构之下对信息的本源进行追溯。

普通的数据库是中心化的，一般是在中央服务器上。因此，中央服务器的持有者可以随意篡改它的数据，数据的真实性是没有任何保障的。正因如此，普通的数据库没有可追溯性。区块链是去中心化的，是一个分散的数据库。这些数据都是真实的数据，这是可追溯的前提。区块链的可追溯性，也是它受人信任的一个重要原因。

区块链的三大类型

依技术手段和开放程度等内容的不同，区块链可以分成三大类型：公有链、私有链、联盟链。

公有链

公有链是指世界上的任何人或者组织都能够发送交易，并且交易可以得到有效确认，任何人都能参与其中、共识过程。

在三类区块链当中，公有链出现得最早。目前来看，公有链的应用范围也更广。现在，数字货币的种类很多，而几乎所有的数字货币，都是以公有链为基础来进行运作的。

公有链是“完全去中心化”的区块链，在公有链运行的过程中，任何人都无法干预它的运行，就连它的创始人也不能。想要进入公有链非常简单，只要将计算机接入互联网并进入区块链网络就可以了。在公有链上，所有的数据信息都是公开透明的，而用户则是匿名的。

公有链具有不可去中心化、进入的技术门槛很低、不可篡改、公开透明、匿名性等特点，让它成为人们喜爱的对象。而随着越来越多的人使用公有链，在它的基础上会出现更多的应用。

私有链

私有链是指个人或者组织使用区块链的技术进行记账，账本是私有的，写入信息的权限归私人所有。谁可以有读取信息的权限，是私有链的持有者可以控制的，别人无权干预。

与公有链相比，私有链的交易速度显得特别快，这是令人感到欣喜的一点。私有链在更好地保护隐私的同时，还能够让交易成本变得非常低，甚至在理论上来说是可以没有交易成本的。公有链是“完全去中心化”的，而私有链则是“部分去中心化”的。

交易速度快、更好地保护隐私、交易成本可以忽略不计，这些是私有链的特点。但是，由于私有链系统没有那么大，是可以被控制的，存在比较大的风险。因此，有些人认为私有链的用处不是很大。具体要怎样去利用好私有链，还有待人们开发出更好的应用。

联盟链

联盟链是对公有链进行“剪裁”之后的区块链，一般用于某个行业。在群体内部将一些节点指定成可以记账的节点，区块的产生由这些被指定的节点共同决定。别的节点只能够参与交易，但不能参与记账。

其实，联盟链可以看成是一种对公有链进行限制后的分布式记账。公有链的每一个节点都可以进行记账，而联盟链参与记账的节点比较少，都是被指定出来的。因此，联盟链虽然有一定的安全性，但比公有链的安全性要低得多。

联盟链也可以被当成是“部分去中心化”的，不过和私有链的“部分去中心化”形式又有所不同。

第三章

解读

区块链技术

了解了区块链的定义之后，只是对区块链产生了认识，想要对区块链理解得更加透彻，还需要知道它的相关技术。搞懂了区块链的四大技术基础和四大核心技术，再把它的交易流程看懂，就能对区块链有更全面的认识了。

区块链的四大技术基础

知道了什么是区块链之后，只是对区块链有一个大致的认识。要想对区块链懂得更多，还要知道它的一些技术。首先要知道的就是区块链的技术基础。区块链有四大技术基础，懂了以后能够对区块链有更深入的了解。

区块链的数据结构

很多人对区块链的名字并不陌生，但是区块链的数据结构是什么样的，大多数人并不知道。要了解区块链的数据结构，人们需要懂一些基础知识，比如知道什么是哈希指针。

某个数据的地址，用计算机语言来说，就叫指针。某个数据的地址和这个数据的哈希值合在一起，就叫哈希指针。区块链每一个新产生的区块里，具有一个指向上一个区块的哈希指针，这就让新的区块和上一个区块有了联系，构成了区块链的链式结构。

区块链是链式结构的，每一个区块都有一个指向上一个区块的哈希指针。因此，这些指针联合起来依次向前推，就指向了区块链的第一个区块——创世区块。正是因为有了哈希指针，区块链的数据结构就变得非常安全了，具有防篡改的强大功能。假设有一个区块的数据被人篡改了，那么这个区块被篡改后的数据所生成的哈希值就会发生变化，不再能和下一个区块的哈希值相匹配。因此，篡改数据是行不通的。

一个完整的区块，是由这些数据组成：神奇数、区块头、区块大小、交易个数、交易记录。其中，神奇数是一个固定值，用来将区块分开，是区块间的一种分隔符。区块头包含了哈希指针、版本号、时间戳等一系列的内容。区块大小就是在神奇数分隔之下的区块大小，以字节作为单位。交易个数就是这个区块的交易个数。交易记录则包括了交易的生成时间、交易记录的索引编号、交易的哈希指针、交易输入地址、交易输出地址等众多内容。

时间戳服务器

说到区块链的时间戳，就要说一下时间戳服务器。时间戳服务器是时间戳权威系统，它建立在公钥密码基础设施（PKI）技术之上，可以给人们提供一种精确并且十分可信的时间戳服务。它的安全机制不但具有高标准，还具有高强度。它的时间源非常精确，能够为信息系统提供基础服务。

时间戳和区块链有很强的联系，因为时间戳可以用来保证数字文件的安全。用时间戳来让文件创建的时间顺序变得清楚明白，就可以使文件不可被篡改，因为相关的协议会规定文件在创建以后，它的时间戳就是无法进行变更的。

时间的授时以及守时监测是需要保障的，这样才能确保时间戳的可信度，而这是用算力时间源来完成的。不仅没有机构能够修改时间戳的时间，连时间戳自己也不可修改，因此，这个时间具有绝对的权威性。

节点网络

区块链技术中一个不容忽略的内容，就是区块链的节点。当区块链技术发展起来时，各种各样形态不一的区块链也出现在人们的视线当中。有的区块链里节点比较少，例如EOS；而有的区块链里节点则比较多，例如以太坊。

区块链是一个P2P网络，是去中心化的。它不是集中管理，也没有一个主服务器。它由众多的服务器来储存和处理信息，每一个去中心化网络中的服务器就是一个节点。

节点的作用很大，它可以用来确认交易是否有效。在用区块链技术做交易时，需要利用节点来向网络发出信息，然后得到众多节点的确认。当然，区块链不仅要能传递出信息，还要能够确保信息的安全。有了众多节点来记录信息，信息的安全性就有了保障。

除了发出信息并保证信息的安全之外，节点还有一个非常大的用处，就是提供算力支持。区块链的运行需要强大的算力，而每一个节点都给区块链提供了算力，让区块链得以正常运行。

在一个区块链上拥有的节点越多，整体的算力就越大。相应的，这个区块链的安全性也就越强。因为有更多的节点来记录数据，想要篡改数据就需要付出更大的代价，一般人是没有能力去篡改数据的。

一般情况下，节点说的是区块链当中链接的挖矿机、计算机等，甚至手机也可以算节点。但是，如果严格来说，节点并不是简单链接到区块链上就算是节点了，还需要参与到交易和挖矿当中，并且下载了完整的区块链内容，才能算是一个节点。

节点的特点如下。

1.连接区块链网络。如果不能连接到区块链网络上，是不可能成为区块链节点的。

2.有储存空间。要成为节点，就需要拥有储存信息的能力，因此储存空间也是一定要有的。

3.有操作终端。要参与到区块链当中，就必须有一个操作终端。这个操作终端通常是可视化的操作终端，计算机和手机都可以。

4.参与到区块链的活动当中。只是连接到区块链网络当中还不够，还要参与到区块链的活动中，才是一个合格的节点。

知道了区块链节点的特点之后，用这个特点去分析，就会发现，现在虽然有很多行业都在积极开发区块链技术，但真正能够将区块链技术用好的并不多。大多数的行业只是使用了区块链的一些基础技术，并没有将节点巨大的价值挖掘出来。

当每个人都以节点的形式接入区块链网络当中，这个区块链网络就会变得更加强大，区块链的真正价值才可以说被挖掘了出来。

侧链技术

侧链技术是区块链的四大技术基础之一。侧链就是和主链平行的一个区块链，之所以叫侧链，就是以主链为参考来说的。主链和侧链是有联系的，它们之间利用“双向锚定”（Two-Way Pegging）联系起来，以使得价值可以双向转移。

有了侧链之后，主链上的一些功能如有缺陷，可以通过侧链来弥补，主链上的资产也可以在侧链上使用。尽管主链和侧链之间可以双向转移价值，不过主链和侧链并没有直接连在一起，而是隔离开来的。就算是侧链被人攻破了密码，主链也不会因此而蒙受损失。

正是由于侧链和主链有联系却又相互隔离，所以侧链可以成为主链的一个实验场地。当有新技术时，可以在侧链上先试着使用一下，以便能发现问题并及时完善。这样一来，不但能够让很多新技术变得更加成熟，还能凭借侧链的特性，让一个覆盖业务面更广的生态圈逐渐搭建起来。

侧链的技术和主链其实非常相似，而和主链之间建立起联系，就是侧链的核心问题所在。侧链和主链相连，就像是楔入了主链当中，因此这个技术也被称为楔入。根据侧链楔入方式的不同，楔入可以分为很多类型，下面简单介绍两种。

1.联合楔入。

联合楔入和比特币多重签名的机制差不多，也就是将链上的资产转移至一个地址，这个地址是一个多重签名地址，而资产则成为多方公证人控制和锁定的资产。

2.双向楔入。

双向楔入就是一个将主链上的资产在侧链之间转入以及转出的机制，在这个机制之下，转入以及转出时的汇率是保持不变的。这个机制最根本的原理在于，它能够锁定一条链上的部分资产，然后在侧链解锁或者生成资产，但是两部分资产的价值是相等的。

侧链技术让区块链有了更多的可能，也让区块链技术在各个行业得到了更广泛的应用，它是区块链技术中不可或缺的重要技术基础。

区块链的四大核心技术

区块链除了有四大技术基础之外，还有四大核心技术，懂了这四大核心技术，对区块链的理解就会更深入。

分布式账本

区块链储存信息的特点是分布式，就像一个分布式的账本。正是因为账本是分布式的，所以它不像集中式账本那样脆弱，在一个账本被攻击之后，整个系统不会瘫痪。因此，区块链才有足够的安全性。

其实，分布式的账本就是一种在网络成员之间共享、复制和同步的数据库。对于数据以及资产的交换这种网络参与者进行的交易行为，分布式账本会将其一一记录下来。将账本共享之后，所有账本上的内容都是一致的，这就不需要人们再去协调不同的账本，也就节省了时间成本，同时也节省了相应的开支。

在分布式账本当中的每一个记录都拥有相应的密码签名和时间戳，并且这个密码签名和时间戳都是独一无二的。因此，账本的所有交易都是可以被追溯的。

在分布式账本的模式之下，所有参与到其中的节点都可以得到一个真实账本的副本。当账本记录的信息有变化时，所有的副本都会同步更新数据。因此，在账本中可以储存各种各样的资产，如电子资产、实体资产、法律定义的资产或者金融资产等。分布式账本非常安全，人们基本上无须担心其安全问题。

共识机制

共识机制在区块链中是非常重要的。说到共识，其实并不难理解，众人达成的一致认识，就是共识。而在区块链当中，共识机制就是让所有参与区块链的节点都能够认同其中一个区块的状态。于是，区块链中众多的区块便达成了一致。

在区块链技术火起来之后，人们开始对共识机制有了更多的了解。在中心化的结构当中是不需要共识机制的，因为中心化的结构会有一个“权威”存在，只要是这个“权威”发布的内容，大家都会认可。但是，区块链不是中心化的结构，它是去中心化的。区块链没有“权威”，它的每一个节点都是可以写进内容的，这就需要所有的节点达成共识才行。

区块链有很多内容都是需要达成共识的。

举例而言，甲用一个比特币和乙进行了交易，将比特币转给了乙，然后又和丙用一个比特币做交易，同一个比特币当然不能用两次，问题是：这个比特币有没有被用掉，能够用几次，这是需要达成共识的。即甲和乙用比特币做了交易，这个交易有没有效，需要达成共识，这样大家才会对这个交易认可。

共识是区块链的一个十分重要的核心技术，只有每一次交易都能迅速达成共识，区块链这个系统才能够正常运行下去。其实，只要是运用到区块链的技术，就必须要建立在共识机制的基础之上。没有了共识机制，区块链就无法产生价值。

加密算法

加密算法对区块链有至关重要的作用，正是因为有了加密算法，区块链的底层逻辑才得以实现。对加密算法有所了解，能够帮助你加深对区块链的理解。

密码学对现代信息技术而言，一直都是非常重要的。假如没有现代密码学的各种成就，信息时代是不可能到来的，人类也不可能享受到现代信息化社会的方便与快捷。密码学从来都是比较复杂的，不太容易完全搞明白，对一般人来说，只是简单了解一下就可以了。

加密算法可以分成两大类，一种是对称式加密技术，一种是非对称式加密技术。它们的区别在于，在对称式加密技术当中，加密与解密时的密钥是相同的；而在非对称式加密技术当中，加密与解密时的密钥不同。非对称式加密技术的密钥分为公钥和私钥，只有两种密钥同时使用，才可以将加密的文件打开。对于对称式加密技术而言，只要密钥被别人知道，就无法保密。非对称式加密技术则不怕被别人知道公钥，因为还有私钥存在。

区块链的加密算法有很多，例如SHA-256哈希算法、椭圆曲线算法、Merkle Tree哈希树算法、对称式加密算法等。

1. SHA-256哈希算法。

SHA是美国国家安全局设计的一个密码散列函数家族，它由美国国家标准与技术研究院发布，用来做数字签名的标准。它包括SHA-1、SHA-224、SHA-256、SHA-384、SHA-512这些变体。其中，后面四种哈希函数合称SHA-2。

与SHA-1相比，SHA-2的安全性更高。已经有人成功破译了SHA-1的密码，但是SHA-2的密码则没有人破译过。SHA-256作为SHA-2中的一员，安全性是不需要去怀疑的。

2.椭圆曲线算法。

椭圆曲线算法将椭圆曲线运用到密码学当中，它具有的优势十分明显，即在某些时候，它在提供等级相当或更高的安全性的同时，密钥可以比其他算法更小。

3.对称式加密算法。

对称式加密算法有算法公开、计算量小、加密速度快、加密效率高等特点。但是，对称式加密算法的安全性不如非对称式加密算法高。为了不让其他人知道密钥，密钥管理会成为用户的一种负担。目前，美国国家标准局提倡用对称分组密码算法AES来代替旧的DES标准（一种使用密钥加密的数据加密标准）。

加密算法能够确保区块链的安全性，它是区块链技术发展的保障。正是因为有了各种安全性比较高的加密算法，区块链技术才能得到人们的信任和认可。

智能合约

区块链和智能合约总是联系在一起，两者是密不可分的。很多人经常听人说起智能合约，但不是每个人都清楚智能合约究竟是什么。其实智能合约很好理解，它就像是一份合同，但它不是纸质的传统合同，而是一种计算机程序，是一种建立在密码学技术之上的数字化合同。有了它才能够实现区块链的价值，让人们不再需要第三方认证。

智能合约有一个非常大的优点，就是能够让人为的错误等风险消失，并且让标准变得公开透明。它不需要人来操作，就能够取得人们的信任，同时，它节省了人力资源和时间，也去除了很多中间环节，让执行成本变得更低。

区块链交易流程

要对区块链技术有整体的把握，了解区块链交易的流程是十分必要的。

区块链的交易方式和平时日常生活中一手交钱一手交货的交易方式不同，它采用转账的方式。转账虽然比一手交钱一手交货要简单一些，但是如果每一笔交易都要产生交易数据，依旧会显得烦琐。因此，在区块链的交易当中，交易可以是多个输入以及输出，也就是一次交易可以转账给不同的人。这样一来，交易当中的价值就方便分割以及组合了。

区块链交易的流程如下：

1.生成交易。

持有价值的人用自己的私钥进行数字签名，这个数字签名要签署在上一次交易和下一个价值持有者那里，然后签名放在货币的结尾处作为证明。这样，交易单被做成了，交易也就生成了。

2.交易传播。

在交易确定了之后，接下来就是交易传播了。交易传播就是让区块链上的每一个节点都记录下这次交易，将交易内容写入每一个区块当中。这就需要把交易单传播到区块链的整个网络。

3.证明工作量。

在交易过程中，参与到交易中的算力分别做了多少工作，这个工作量是需要证明的。只有当工作量得到了证明，才能够发放相应的数字货币奖励，也才能知道是谁获得了创建一个新区块的权力。

4.验证。

区块链网络能够将各节点的算力充分利用起来。在一个节点有了相应的解之后，这个节点就会与区块链网络中除它之外的节点进行核对，将这个区块记录的有时间戳的交易进行广播，让全网都知道。通过这种方式，进行全网的验证。

5.记录。

在验证完之后，要将内容记录到每一个区块上，这才完成了交易的流程。只有整个区块链网络的区块在交易验证过之后，都承认这次交易，这次交易才是合法的。接下来，就是继续产生新的区块，继而出现新的竞争了。

区块链的交易流程其实并不算特别复杂。在了解它之前，人们觉得它很神秘；在了解之后，便会发现其实并没有那么难。

第三篇

区块链重构商业场景

第一章

区块链重建

新兴商业模式

区块链技术令原本在互联网技术下飞速发展的企业有了更强有力的技术支持，它能够催生出新的更科学的商业模式。这些商业模式对企业的发展会有极大的好处，对资源的充分利用和生产力的发展也有巨大帮助。

区块链令商业模式彻底创新

区块链技术看起来好像很难理解，但如果你了解了它的本质，就不会觉得它有多么神秘了。用一句话来总结区块链的特性就是：区块链是一个可以信任的分布式的数据基础技术。正是这个技术，令商业模式有了彻底创新的可能。

区块链对传统商业模式来说最有价值的地方在于两点：一个是它的分布式结构，这和以前中心化的结构相比，有非常大的进步；另一个就是它可以被信任的属性，这个属性在商业当中太重要了，能够极大程度地促进商业快速发展。

区块链是新科技创新和发展的一片沃土，它的出现，让商业模式的创新就像装上了火箭助推器。

区块链技术让物理资产能够转化成数字化的资产，并且将资产储存到区块链网络当中。人们可以在区块链网络上发布自己的数字资产，并且分割这些数字资产。以前没有办法分割的资产，通过数字化能够实现分割，资产的流动性大大增强，资产交易也因此出现了更多的可能。

对于数字资产方面的探索，有些国家做得比较多。

纳斯达克在数字化股票方面做了很多研究，并相信数字化股票能够给股票交易带来很大的好处。我们知道，以前的股票需要在场内进行交易，而用区块链技术来做股票交易，它的清算就能够成为实时清算，如果发展得更好，或许可以变成点对点清算。也就是说，当用区块链技术来架构股票交易市场时，股票市场的商业模式将会发生彻底的、具有创新性的变化。

区块链技术给商业带来的变化是多方面的，它在供应链上也会产生很大的影响，例如对知识产权的保护。我们知道这是一项重要的工作，同时也是一项非常难做的工作，侵权现象时有发生。而要打一场侵权官司，不仅费时费力，而且有可能得不偿失，常常令人陷入两难的局面。区块链技术能够保护知识产权，这将有利于维护市场秩序，进而提升人们的创造热情，并影响到供应链。

区块链可以给数据提供记录，追本溯源，因此它将给供应链带来十分积极的作用，并且加速供应链的变革。有了区块链技术，产品从创造出来的那一刻起，就拥有了它独一无二的电子证明。产品从哪里经过，最后到了哪里，都是有迹可循的，并且整个过程是公开透明的。如果在这个过程中出了问题，可以立即知道问题出在什么地方。

以前为了确保供应链的正常，需要花费大量人力和时间，有了区块链技术之后，供应链上的很多棘手问题都将迎刃而解。供应链的创新也因此开始，一套简单、安全的供应链系统将会出现。

区块链的去中心化，对于商业来说也有非常重要的意义和价值。在去中心化的系统中，不需要有一双手来操控，系统本身就能够让各种交易正常进行。整个系统自成体系，是一个完整的生态，中间环节被削减到最少，因此而节省下来的价值都会回馈给每一个用户。在用户获得实惠的同时，机构也不会蒙受损失，同样也能够获得收益，这将是一个是共赢的局面。

区块链去中心化的特点，对银行来说能够带来商业模式的巨大改变。要知道，全世界有很多人是没有银行账户的，他们因为自身的财富有限，无法进行金融投资，也没有信贷产品。他们被银行忽视了，可他们是潜力巨大的金融消费者。传统银行不是没有看到这些，只不过没有能力去开拓这片市场。区块链技术的出现，让这个问题得以解决。通过区块链技术，银行将会把传统金融变成自治金融，人们可以在这个金融网络上自由交易。这样，银行将会真正做到为每一个人提供服务，银行业的商业模式将会彻底改变。

相对于其他行业，金融行业对于信息的处理相对来说要多一些，而金融行业对信息进行处理，最主要的目的就是利用信息来解决信任的问题。在传统的模式下，信息的来源基本上是互联网。互联网上的数据是不太安全的，因为数据一旦脱离了它的源头，就有可能遭到别人的篡改。因此，需要花费大量成本核实数据。

区块链技术让数据产生之后就有了确定的所有权。这样一来，不但能够保护产生数据的人的隐私，还能避免数据被篡改。区块链不但让数据更为安全可靠，而且使得获取数据和审核数据的真实性等工作内容都发生了变化。不仅金融行业的商业模式会因此发生改变，很多需要用到数据的其他行业，也会因此而发生巨大变化。

区块链技术也会给互联网带来巨大变化，将改变互联网的商业模式。互联网从出现那天开始，就带给人们无限的遐想，人们也确实见证了互联网企业的飞速发展。可是，信任的问题一直是制约互联网发展的一个主要问题。区块链技术解决了信任的问题，它有可能会在将来成为互联网的基础协议之一。互联网的信任问题解决了，它就有可能发展成一个可以参照的标准，人们可以充分信任互联网。互联网的商业模式也会因此而发生天翻地覆的变化。

分布式商业模式的普及化

当区块链技术火起来之后，它分布式的结构对商业模式产生了很大的影响，分布式商业模式逐渐崛起，并且开始普及。

有人说2017年是区块链应用落地的元年，在这一年，众多区块链技术应用如雨后春笋般冒了出来。尽管这些应用可能不是那么完善，但区块链技术应用落地却在一步一步向前走。与此同时，在区块链技术基础上，分布式商业也一点点构建了起来，分布式商业模式逐渐走入人们的视线，并成为下一个关注的热点。

对于分布式商业模式的定义，还没有一个特别明确的说法，不过可以肯定的是，分布式商业模式的基础就是区块链技术。在区块链的分布式基础之上，分布式商业模式会逐渐搭建起来，并走向普及。

万向控股副董事长、万向区块链董事长肖风曾在面对媒体时表示，他们正在对分布式商业进行研究，并准备编写一本相关的书籍——《区块链与分布式商业白皮书》。肖风认为，分布式商业模式是一种新的商业模式，它建立在区块链技术之上，而区块链技术正是分布式的网络。

分布式商业模式建立在区块链技术的基础上，因此，它可以很好地利用区块链的各种属性，比如去中心化、安全匿名、开放性等。这就使得分布式商业模式有模式透明、价值分享、多方平等参与、专业分工、智能协同等一系列优秀属性。

在区块链技术的推动之下，全球的数字化进程会变得更快，各种数据的跨组织、跨地域、跨行业的现象会越来越多，这对于分布式商业模式的发展是极为有利的。反过来，分布式商业模式的发展也会在这样的数字化进程中充分体现出它的价值，给商业和社会带来更多帮助。

分布式商业模式对参与的各方会显得更加公平，因为在合作的时候大家是在一个公开透明的环境之下，收益的大小完全由贡献的大小决定，而不是其他内容。这和以前的商业模式有明显的区别。比如当一个大企业将某些业务外包给小企业，在合作时，小企业可能根本没有任何话语权，都是大企业怎样安排，小企业就怎样做。这种情况在分布式商业模式下不会发生，小企业也可以发出自己的声音，小企业和大企业的地位将是平等的，只是合作关系而非控制与被控制的关系。

趣链科技的CEO李伟表示，区块链技术的横空出世，让分布式商业模式变成了可以实现的模式。于是，淘宝、京东等类似的电商，有可能实现最优化结合。他认为，有了区块链技术，契约关系能够在最低的成本上实现最高的效率，这种契约关系能够应用在商业活动中，并给商业活动带来十分积极的影响。

分布式商业模式的好处是显而易见的，但是对于分布式商业模式，我们还需要进行一些思考，以便对它有更深刻的认识。

在过去漫长的岁月当中，人们一直处在中心化的商业模式当中。公司组织大概有200年的历史，这个过程中，公司组织一直是中心化的。区块链技术的出现，打破了这个传统的模式，让分布式的商业模式悄然出现。相对于中心化的商业模式，分布式商业模式诞生得很晚，尽管如此，它却能够以星星之火迅速形成燎原之势，原因在于它代表了先进性，符合时代发展的规律，迎合了人们对于公平、安全、快速等一系列要求。它最初看起来或许并不起眼，但一经发展就会不可阻挡。

分布式商业模式应该会迅速普及，少则3年多则5年，很多企业将会开始实现分布式商业模式。要想跟上时代，首先就要在思想上有清醒的认识，意识到分布式商业模式对整个商业的意义，看清楚这场革命，然后积极变革，而不是等着被革命。

想要对分布式商业模式有更深的理解，先要明白一个组织是怎样运作的。通常来说，一个组织要正常运作，就要解决三个问题：目标、沟通、利益。当一家企业确定了自己要做什么之后，就有了目标和方向，然后就是组织执行。有了沟通，协作起来才会顺利，才能把事情做好。最后是利益，只有获得利益，企业才有发展下去的动力，也才能够正常运行。

在区块链技术没有诞生之前，分布式商业模式没有出现，问题多出在沟通和利益这两点上。

互联网诞生之前，人们传递信息的速度不够快，这对商业活动的影响是巨大的。互联网诞生之后，各种即时通信软件纷纷出现，沟通变得更加方便了，但是，信息的安全性没有得到充分保障。区块链技术出现之后，信息安全得到了更好的保障，这就为分布式商业模式的诞生提供了条件。同样的道理，在区块链技术诞生之前，利益机制做得也不是很好。工作了多少，贡献有多少，并没有一个完整且成熟的评估体系。区块链诞生之后，在区块链技术的帮助下，这套体系得以建立。实际上，比特币挖矿就已经可以算是一个很好的价值机制了。

正是因为区块链技术的出现，让分布式商业模式在基础技术的支持下，变得可以实现。随着区块链技术的发展，分布式商业模式这种更为先进的商业模式一定会迅速普及，让我们共同拭目以待。

自主运作的新兴商业模式

区块链技术的出现，给商业模式带来了创新和变革的机会，自主运作的新兴商业模式将会出现。

在传统的商业模式下，会出现各种各样的问题。比如随着企业做得越来越大，会感觉越做越累、越来越难做；老板总觉得员工好像不认真工作，积极性调动不起来；不管怎么调整工资，员工还是感到不满意；中层管理人员的管理能力和执行能力都很缺乏……这些问题总是让人感到非常纠结，也很难解决。

自主运作的商业模式能够让上述问题得到解决，它和传统的商业模式有很多不同之处。

1.传统的商业模式，员工主要为老板负责，需要让老板满意。而自主运作的商业模式，员工主要为用户负责，以让用户感到满意为宗旨。

2.传统的商业模式，如果企业经营不利，则由老板承担后果，员工不需要担心。而自主运作的商业模式，如果是员工的原因而出现亏损，员工需要为此承担相应的后果。

3.传统的商业模式，员工在将自己的工作做合格之后，如果进一步把工作做得更好，是没有用的，还是只能拿工作合格的那份工资。而在自主运作的商业模式下，员工是为自己做事，做得越好，得到的回报也就越丰厚。员工会为了自己的收益和梦想去工作，工作积极性变得更强。

要做到自主运作，首先应该有一个完善的组织架构。这个组织架构应该是扁平化的，这样才能完成自主运作的任务。区块链技术是分布式网络，它能够做到扁平化。因此，关于这一点是不需要担心的。

有了完善的组织架构之后，还应该有完整详细的财务数据，这些数据是建立自主运作商业模式的依据，同时在评估中也能起到重要的作用。

然后是奖励制度，一个合理的奖励制度，能够激发员工的工作热情，是整个商业模式保持活力的重要因素。

另外，对员工进行培训，让员工的思想变得更为先进，并对自主运作的过程进行监督和指导，也非常重要。

海尔集团很早就开始做自主运作商业模式的探索了。出于对互联网时代商业需求的判断，海尔认为，只有以用户为中心，企业才能够长久发展下去。于是，海尔将用户看成中心，在组织结构上做了“倒三角”的变革，商业模式向自主运作转变。在这样的商业模式下，海尔的员工并不是单纯完成领导布置的任务，以前的组织层级也没有了，变得更加扁平化。用户的需求成了员工主动去挖掘和满足的目标，也是员工唯一需要解决的问题。

海尔划分出了一个个小的自主运作单位，在这个单位中，负责人就像是一个CEO，拥有很多权力，可以自主决策：经营目标是什么，怎样去实现目标，也有管理财务的权力，这些都由负责人来决定。

每一个小单位就像是一个独立的小企业，虽然没有企业的形态，但是每个员工都会主动去创造价值和为自己的事业打拼。并且，这些小单位不是孤立的，还可以有一些协同合作，这就使得它们各自发展起来更顺利。

在自主运作的过程中，海尔会成为每个自主单位的强大后盾，并为其提供支持。当找到了用户全新的需求点之后，海尔的整个企业和资源都会跟着做出反应。比如用户需要一种新产品，自主运作的负责人将这一信息传递给领导，然后公司在评估以后，设计产品、制造产品，很快就可以将新产品生产出来了。

在这种自主运作的模式下，海尔的每一个员工都成了一个非常有活力的单位，每个人都是组织的鲜活细胞，让整个企业生命力大大提升。

海尔的自主运作商业模式，并没有结合区块链技术，有很多地方都存在局限性，不过已经可以看出，这种商业模式比传统商业模式有更强的生命力，能够极大地激发员工的工作热情。

在区块链技术的帮助下，自主运作的商业模式可以变得更加完善和科学，很多细节都能够因区块链技术而变得更好。这样一来，不仅是海尔这样组织结构严密的大企业，一般的企业也能够使用这种模式。

这是一个人才最贵的时代，人才的价值比什么都大。但是，只有人才还不够，重要的是让人才把他们的才能充分发挥出来。人才通常都有很强的主观能动性，他们的头脑比较灵活，想法也比较新奇。如果把人才约束得像笼子里的鸟，他们的才能就得不到发挥。

传统的商业模式正像是一个鸟笼，将人才困在其中，让人才难以飞翔。区块链技术让自主运作的商业模式成为可能，也打开了束缚人才的笼门，让人才变得更加自由。这样一来，人才可以发挥他们的潜力，企业也会拥有更强的发展动力。

开放式的商业模式

以前的企业，其商业模式是封闭式的，企业自成一体。这样的模式有一定的好处，就是不会受到外界的影响。但是，随着互联网的发展和区块链技术的诞生，开放式的商业模式将会成为企业发展的新模式。封闭式的商业模式不能适应时代的发展，会逐渐被淘汰掉。

开放式的商业模式更有利于给企业创造价值，因为它可以让企业和外部的合作伙伴更好地合作，形成一个更开放和人性化的系统。其实，就算没有区块链技术的出现，在互联网时代，企业的边界也会随着社会对人性化需求越来越高而变得更加模糊。有了区块链技术之后，就有了更有力的技术支持，企业将变得更加开放，也因此有了基础技术的保障。当企业和外部的资源有了更好的分配方式和连接方式后，彼此之间的能量都能得到最大的释放。

实际上，随着科技和生产力的发展，商业社会里有大量的资源是被闲置的。这些资源可以分成很多种，包括技术专利、实体资产、人力资源、智力资源等。如果能够将这些闲置的资源充分利用起来，一定能够创造出很多价值。而利用这些闲置资源，就需要更合理的资源配置。开放式的商业模式，能够让这些闲置资源各得其所，让它们自己动起来。这样一来，人们就能够合理分配它们，并将它们充分利用起来了。

当资源、人力、知识等分散在社会的各个角落里时，怎样把它们整合起来，让它们成为创造价值的资源而不是闲置的资源，这是需要好好想想的。区块链技术是分布式的，它能够让每一个节点都发挥出自己的价值，这种结构恰好能够让个体的能量充分发挥，并形成组织。在区块链技术之上，一个更为优化的商业模式，也就是开放式的商业模式，便应运而生。

商业模式根据分享和对外部资源整合力度的不同，可以分成四种模式：开放式、吸收式、分享式、封闭式。

1.开放式商业模式，其实已经有不少先进的企业在尝试了，比如高通、谷歌、阿里巴巴等。这些公司不但积极分享自己的内部资源，并且积极整合外部的资源。它们用第三方的资源来加强自己的整体实力，并向第三方分享自己的资源和利润，使得大家获得共同的成长和利益增长，从而实现共赢。

2.吸收式商业模式，是大企业以加盟的形式来吸收资源，扩大自己的规模，传播自己的技术，同时还能够保持一个整体的结构系统。采用这种商业模式的企业有可口可乐、麦当劳、美特斯邦威等。

3.分享式商业模式，是利用企业自身的资源，用各种服务来获取收益。这种服务不一定和用户的需求直接挂钩，比如它可以是移动广告、社交网络服务（SNS）、电子商务、移动搜索等。使用这种商业模式的，有中国移动、迪士尼等。

4.封闭式商业模式。采用这种商业模式的大多是传统的自成体系的企业，和外界的联系较少，已经很难适应社会的发展了。采用封闭式商业模式的企业会越来越少。

可以看出，在几种商业模式中，开放式的商业模式是最为先进的，也最符合时代发展的走向。它会在将来成为商业模式的主流，并给企业发展带来巨大的帮助。开放式的商业模式其实也可以分成两种：一种是由内而外的开放式商业模式，另一种是由外而内的开放式商业模式。

1.由内而外的开放式商业模式，会在企业内部将大量的精力放在研发上，产生出很多实用的技术资源。这样一来，就会有很多技术资源是闲置下来的。于是，就由内而外进行开放式的商业模式，让其他企业可以利用本企业的一些技术资源，展开合作，实现共赢。这些技术资源闲置在自己的企业，可能没有价值或者价值较少，但是转给其他企业以后，对其他企业就可能产生巨大的价值。这种由内而外的开放式商业模式，对技术资源的利用很充分，效果也很好。

2.由外而内的开放式商业模式，和由内而外的开放式商业模式相反。企业可能由外部的企业来提供一些有用的技术资源或者意见和见解，也有可能是某项专利。这些对于企业来讲是现成的，很轻松地拿过来就可以直接运用。不过，在使用外部的资源时，有可能需要将相关的流程同时引进，这样才能确保正常运作。另外，如果要将外部创新应用到内部，需要有可以和外部网络连接起来的点，这要提前做好准备。当一个品牌很强大，企业和客户之间的关系也很好时，可以使用由外而内的开放式商业模式，这样能够充分利用外部资源来深度挖掘客户的潜在价值。由外而内的开放式商业模式，还能够减轻企业内部研发的压力，令研发的效率变得更高，缩短新产品上市的时间，这对于企业来讲也是十分有利的。

开放式商业模式，其实就是将全球的资源利用起来。这个资源不一定是人力资源，可以是丰富的先进观点和见解，可以是技术知识，还可以是一些专利等。互联网时代本来就已经是地球村的时代了，而区块链技术的出现，更是让开放式商业模式有了更强大的技术支撑。

用众力者无敌于天下，相信在不久的将来，开放式商业模式就会成为主流，被大小企业接受和使用。

第二章

区块链

重建企业系统

区块链对企业的影响是巨大的，它的影响能够深入到企业的整个结构和系统上。区块链可以将传统的企业架构瓦解，建立一个全新的分布式的结构，还可以重建企业系统，并形成共识系统。这样的企业将更强大也更科学，能够在时代的巨变中屹立不倒。

区块链解构传统企业

在互联网企业迅猛发展的同时，人们意识到如果传统企业不能完成转型，将会很难生存下去。现在，区块链技术出现了，它对互联网企业和非互联网企业都会带来冲击，对传统企业更是提出了迫切的转型要求。传统企业都需要转型，不然就会逐渐走向死亡，因为区块链技术会解构传统企业。

马云说："我相信未来的20年，那些互联网公司如果不能和传统行业进行完美结合，那些互联网公司将不会活得很好；同样那些传统企业假设不和互联网技术、思想进行融合，我相信这些传统行业、企业也活不久。"

从马云的话当中，可以看到他的危机感。不过在区块链技术创造的全新格局面前，互联网企业只是面临活得好不好的问题，而传统企业则要面临能不能活下去的问题。

区块链技术在近几年成为最火爆的技术之一，它不但给人们打开了一片认知的新天地，还用它突破性的技术，给企业带来了新的发展契机。区块链颠覆了人们对互联网的理解，让互联网从不被信任的状态中脱离出来，变成更值得信任的价值互联网。在给人们的观念带来一次冲击之后，区块链还将解构传统企业，并颠覆全世界的产业链格局。

区块链技术因为独特的特点而被广泛关注，并且十分被人们看好。区块链技术会让我们更快地进入到一个数字化的社会当中，体会到信息和数字技术给我们生活带来的巨大便利。区块链的技术有巨大的潜力，它绝不仅仅只是能够创造出几个应用那么简单，它可以给整个商业模式带来巨大的冲击，让传统企业发生颠覆性的变化。

用区块链技术，有可能实现企业的全体共治，这将会解构传统企业，让它的构架被重新建立。

全体共治是一种协作的形式，在这种形式下，企业员工将没有固定的职位，他们根据不同的需求，从事不同的岗位。当然，前提是他们有那样的工作能力。有了区块链技术的帮助，每个人的能力都能得到最大限度的发挥，劳动力的安排会更加合理。要知道，传统企业当中，每个人的职位都是确定的，即便员工有做其他工作的能力，但因为受到职位的限制，他不可能去做本职之外的工作。这其实限制了员工能力的发挥，造成了很多的才能浪费现象。

除了职位不固定之外，全体共治还有很多特点。它是透明的，不需要搞“办公室阴谋”，也无法去搞；它没有权力大小的问题，能者居上，谁做得好、谁做得快，谁就能有更多的机会；它是扁平化的，中间环节非常少，效率非常高。它和互联网企业的结构不同，因为互联网企业虽然利用互联网让信息传递的速度变得更快、效率更高，可还是存在层级结构。而全体共治则是扁平化的，是由点和点构成的，在极短的时间内就能达成共识。它的决策时间会非常短，应变能力因此就变得非常强。

一般来说，当一个企业处于全体共治的模式时，是没有从上至下分配工作任务这回事的。员工可以自由组合成小的团队，享受到企业提供的资源和信息。这些资源和信息都是共享的，每一个员工都可以利用它们。然后，这些小团队发现自己可以完成的任务，就去接下任务并努力完成。或者，如果一个任务不需要团队来完成，员工个人就可以搞定，员工也可以自己去接任务做。

在这种全体共治的模式下，企业将真正成为一个平台，而员工将是一个个可以随意组合的“能力单位”。当有只需要一个“能力单位”就可以完成的任务时，员工可以自己接任务；当有需要多个“能力单位”才可以完成的任务时，员工就自发组团来完成任务。

全体共治能合理分配员工的能力，让每个员工的能力都得到最大释放，同时还能激发员工的主动性，挖掘出他们的潜力。另外，员工能够真正处于一种多劳多得的环境中，做得多就会得到更多的回报，他们不需要特别的激励，就会带着十二分的热情投入到工作中去。这样的企业，甚至可能不需要去管理员工，只要放手让员工自己去做事就行了。老板只需要把握好企业发展的方向，不需要操心其他事情。

区块链技术是互联网的未来，也是企业发展需要依赖的底层技术。传统企业会因为区块链技术而解构重组，互联网企业也会因为它而产生变化。以前，人们总担心互联网企业的发展是“狼来了”，现在区块链技术的到来，让互联网已经不再是最受瞩目的焦点了。

实际上，人们完全没有必要害怕区块链技术，反倒应该感到兴奋。因为当新技术出现时，往往就是企业发生巨大变化的时候，也是能够借着这个“风口”迅速发展的时候。想想当年百度、腾讯、阿里巴巴等互联网企业是如何迅猛发展，进而成为巨头的。今天，区块链技术也有可能催生出更多迅猛崛起的大企业。早做打算，早做改变，也许下一个崛起的大企业，就是你的企业。

重构企业的边界

企业有没有边界？企业的边界是什么？企业的边界是由什么决定的？这些问题，一直被经济学界所讨论和研究。

从互联网时代开始，企业的边界就开始变得模糊起来，区块链技术出现之后，企业的边界变得更加模糊。关于企业的边界，一般有两种不同的观点。

1.第一种是从能力、知识以及资源等方面来判断企业的边界。在这种观点之下，决定企业边界的因素主要是企业的效率、核心竞争力等。当一个企业能够生存下去，并且战胜竞争对手时，它才是一个合格的企业。

2.第二种是以新制度经济学来判断企业的边界。当一个企业扩大之后，就可能会因为信息不对称导致它的收益和效率降低。与此同时，在企业扩大之后，因为管理者的经验不足以应付如此庞大的企业，也容易出现决策和判断的失误，导致企业面临种种困难。这些因素，都使得企业不能无限扩张下去。企业的边界，就是它的组织成本、交易成本等不会过大，各种生产要素的价值能够得到最大限度的发挥，使企业科学合理地运营下去。

互联网让企业的边界变得模糊起来，那么互联网企业有没有边界呢？显然是有的。如果从企业的纳税实体及可管理的范围来看，企业是有边界的。不过，如果从交易成本方面来看企业边界，它又可以是没有边界的，因为企业可以和各方合作及交易，这很正常。

区块链技术让互联网上的数据变得比以往更加安全，在这个安全的环境里，互联网企业可以展开更多的合作，而且是以各种各样的形式展开。企业的边界将会变得更加模糊，或者说企业的边界其实已经变得不那么重要了，更重要的是打造一个生态系统，创造一个经济体。

这些年来，阿里巴巴的电商业务风生水起，不过阿里巴巴已经不再单纯是一个电商平台了，它已逐渐演变成一个完整的生态系统，摇身一变成了一个经济体。并且，阿里巴巴也不再只局限于在国内发展，它的脚步迈向了国际市场，有了更广阔的发展空间。在云计算、支付、文化娱乐等很多不同的内容上，阿里巴巴都践行着自己的布局。

在那些独具慧眼的投资者眼里，阿里巴巴早已不再是当初的那个电商企业了，它的巨大潜力以及表现出来的生态效应，都令人惊喜。对于阿里巴巴未来的发展规划，马云是很清晰的，他对企业的边界有清醒的认识。马云说：“我们在创造一个历史上从来没有诞生过的，跨边界、跨时空和跨国的经济体。”可以看出，在区块链技术给互联网带来了信任和价值的加成之后，马云对于未来企业边界的变化，早有察觉。

现在的阿里巴巴，已经完全称得上是一个数据公司了。它拥有众多用户的购物信息数据，拥有各种支付数据；还有众多卖家所产生的信息，以及物流、仓储、金融支付和娱乐等众多的数据。在区块链技术的帮助下，这些数据都将成为最有价值的内容，让阿里巴巴成为一个趋向于无边界的企业、一个数据化的生态系统。

阿里巴巴在2018年第二季度的收入增长速度非常惊人，同比增长率高达61%，在全世界互联网企业中处于领先地位。这和阿里巴巴趋向无边界发展的理念有一定的关系。

其实，在思考企业边界问题的同时，还有一个问题是需要考虑的，那就是企业的核心目的。比如一个企业的核心目的是给社会带来利益，让人们享受到更好的产品或服务，那么为了达到这一目的，便不需要在意企业边界的问题。当技术水平达到了一定的程度，企业完全可以是没有边界的。此时，企业只需要有一个能将技术、人力综合起来的系统就行了，企业将由有形变为无形。区块链技术的发展，让这种无形企业的出现成为可能。当区块链技术发展到了那种程度，企业只需要运用技术、做出改变就可以了。

企业边界对于企业来说不是最为重要的，企业要做什么、要达成什么目标才是最重要的，不要让企业边界成为束缚企业发展的因素。企业有边界，只是在技术还没有足够完善时，企业无法做到无边界时的妥协。当技术足够完善之后，企业完全没有必要墨守成规，守着边界不放。

一个企业能够不断接受新的技术，并将这些技术运用到企业当中，就可以紧跟时代，不断发展。企业的形态是和技术以及时代发展紧密相关的，有没有边界不重要，企业能健康发展并达到自己的目标才是最重要的。舍弃边界的“形”，抓住企业目标这个“神”，才是企业在由区块链技术创造的新时代里应该做的事。

分布式企业

以前的企业基本都是集中式的，企业的控制权集中在最高的领导者手中，随着区块链技术逐渐应用到企业当中，分布式企业将会逐渐出现，并且慢慢发展为企业的一种主要系统构成模式。

分布式企业建立在分布式商业的基础之上，而分布式商业是企业管理当中的一个内容。在区块链技术和企业管理技术结合起来之后，分布式商业取代了以前金字塔一样的企业组织架构，成了最近几年发展非常迅猛的新组织架构。这种组织架构对于企业的发展，尤其是一些高科技企业的发展有极大的好处，因为它为各种新技术、新应用提供了更大的发挥空间，同时能让企业的组织结构更科学，将每个组织和部门的潜力充分挖掘出来。

在分布式企业当中，分布式的组织架构以及扁平型的组织架构，都是非常重要的企业组织形式。

实际上，相比传统企业，分布式企业主要在三个方面有所不同：全新的企业组织形式、全新的激励机制、全新的创新模式。

不少企业在刚开始发展的过程中比较顺利，能够迅速成长起来，可是到了一定规模之后，就出现了种种问题：企业发展不能再维持很快的速度，并且由于组织上的局限性，出现了各种困境。这是因为集中式企业的中心化组织架构，让企业无法继续轻装前进，阻碍了企业的创新和发展。当企业发展壮大时，内部协调所需成本将越来越高，企业就很难继续发展下去，这就是中心化组织架构的弊端。

虽然很多企业已经意识到中心化的组织架构对企业的发展不利，但没能找到好的解决方法，无法扩大规模；而有些企业则找到了解决这个问题的方法，就是做分布式的组织架构，朝着分布式企业的方向发展。

比如谷歌、脸书、腾讯等，在企业发展到了一定的规模之后，都朝着分布式企业的方向做了一定的调整。虽然最终未必会真正成为分布式企业，但这些企业拥有了更强的组织能力、创新能力和发展动力。这正是它们能够发展成巨头的原因，也是它们能够在发展成大企业之后继续稳步前进的原因。

分布式企业的组织架构主要是关于管理方面的内容，需要学习分布式企业知识的，不是那些想要投资的人，而是想要创业的人，或者是已经成为企业领导者和高级管理人员的人。不过，其实每个人都应该了解这方面的内容，因为它不仅是管理企业的法宝，还是未来在区块链创造的全新社会形态下的一种思维方式。就算你不去创业，也不做企业高管，但你同样需要用这种分布式的思维来思考问题，因为它能让你的思维方式更加科学、先进。

分布式企业能够解决传统企业组织构成中存在的一些问题，比如企业资金难筹集、诚信难保证、人才难寻觅、市场难开拓等问题。

1.分布式的企业可以利用区块链的分布式技术，用类似发行股票的方式来发行货币，达到众筹的目的，从而解决资金的问题。不过，这需要进行合理的设计，既要确保方法可行，又应在法律允许的范围之内。

2.区块链技术创造出了一个安全和诚信的环境，并且它具有不可篡改数据的属性，处处体现出公平、合理、透明的特点，因此，建立在区块链技术之上的分布式企业不需要担心诚信问题。而消费者知道该企业的组织架构为分布式之后，也会对企业的诚信放心。

3.区块链技术是能够将资源合理分配，并且激励机制十分科学的技术。分布式企业将区块链技术运用到管理当中，不但能够寻找到适合自己企业的人才，而且能激励人才发挥他们最大的潜力，从而人才难觅的问题也会得到解决。

4.毋庸置疑，市场是需要开拓的，然而开拓市场通常是让人头疼的难题。分布式企业能够运用区块链技术设计出一种生态圈激励机制，这种机制非常科学、合理，能够让开拓市场变得容易起来。

在分布式组织架构的前提之下，大数据和云计算等先进的技术能够得到更好的发挥和运用，海量的数据信息终于能够充分体现出它们的价值和优势。与此同时，企业的分布式组织架构还能让管理、激励、诚信等问题得到更好的解决。

随着区块链技术火爆起来，大量人才集中到区块链技术的研究中来，因此，分布式技术发展得越来越好。在这种大环境下，分布式商业也随之蓬勃发展。分布式商业模式的兴起和发展，其实是必然的，因为它拥有对等合作、多方参与、价值共享、智能协同、专业分工、规则透明等很多优点。分布式商业是技术架构进步、商业模式进步、社会结构进步的综合体现，可以预见，分布式商业成为商业的主流模式是时代发展的必然。

共识系统企业

共识机制是区块链技术当中的一项基础内容，正是由于共识机制的存在，区块链的很多功能才得以实现。随着区块链技术的发展，共识机制也变得更加多样化起来，而且为了满足不同的需求，共识机制还在快速发生着各种各样的变化。

对一个企业来讲，共识机制大有用处，它能够让一个企业成为共识系统企业。什么样的共识机制对企业用处最大？什么样的共识机制能够给企业提供更多可以扩展的实际解决方案，并且能够令各种监管机构都接受？这些问题是企业管理者需要考虑的。

现在，已经有一些企业在运用区块链的共识机制了，这些企业所使用的共识机制主要有股份授权证明、基于领导者的共识、权益证明、工作量证明等。这些共识机制能够让企业的管理变得更简单，让员工在工作中更有动力。不过，要创建一个共识系统企业并不是一件简单的事，它需要有更多的考量，需要把各个细节做到位，需要协调好各方面的关系以形成一个完整的体系。而在现实运用当中，仅是选出一种合理好用的共识机制，就已经是很不容易的事了，如果涉及资本市场等比较复杂的系统，则更困难。因此，企业想要形成一个完整的共识系统，就要做好充分准备，在这方面多下功夫。

其实区块链这种分布式的系统，在达成共识方面比中心化的系统要难一些，因为在中心化的系统当中，只需要相信那个处在中心的权威就可以了，而去中心化的系统则没有这样的便利，它需要所有的节点都认可才行。

分布式的系统要达成共识，需要解决两个问题：

1.在点对点沟通的情况下，如何让其他节点也收到信息，并且让这些信息同步，达到信息一致？

2.在信息传递的过程中，如果有的节点收到的信息出现错误，该怎样确认信息的正确性？当有节点故意做假账时，要如何识别？

同步性和一致性，是分布式系统需要解决的主要问题。这两个问题看起来很难解决，好在区块链的共识机制已经成功解决了它们，并且在比特币系统中能够正常运行。但是，将这种共识机制运用到企业当中，还需要结合企业自身的情况，做一些必要的调整，这就涉及到企业如何达成共识的问题。

一个企业内部要达成共识，往往是多层次的共识，比如企业的上下级之间、同级别之间、前任和后任之间等。

对同一个企业来讲，上级和下级之间达成共识，企业才能上下一心，共同创造出更好的业绩；同级别的管理者或员工之间达成共识，大家才能更好地合作，让整个团队发挥出最强的实力；管理者的前任和后任之间，或员工同岗位的前任和后任之间达成共识，企业才能稳步发展，不出现前后的偏差。

对同一个企业的不同组织来讲，企业的总部和子公司达成共识，才可以让整个企业上下同心，发展得更好；子公司和子公司之间，公司的部门之间达成共识，才能够协同合作，各自发挥出最大的作用。

要想在企业内部达成共识并不容易，原因在于以下四点：

1.上下、左右、前后之间，往往是独立的，彼此之间的利益也是独立的，这就导致它们的目标并不一致，甚至有可能是完全割裂开的。因此，它们很难形成协调统一的认识。

2.一个决策在刚刚做出之后，因为缺少完善的规则，所以很难有统一的规范来让人们达成共识。

3.每个员工的岗位不同，知识储备和思想水平不同，在企业的时间不同，这就导致对企业的认识和了解也有差别，很难达成共识。管理者和员工之间的思想水平和对企业的理解差距更大，更不容易达成共识。

4.因为沟通的问题，以及每个人的立场和思考问题的角度不同，也会在达成共识的过程中，造成各种各样的阻碍。

从上面的几点来看，一个企业要想达成共识，真的是困难重重，不过，也并非完全没有办法。比如可以从战略的层面入手，让每个人都了解企业的战略布局，从而达到上下、左右、前后目标一致的效果；从公平合理的激励制度入手，让每个人都更充满力量；让信息更加公开透明，增加每个员工对企业信息了解的深度和广度，使所有员工的思想水平和对企业的理解程度趋于相同；让沟通更加顺畅，让每个人都可以站在不同的位置思考企业的问题，并给企业提意见，以增强每个员工换位思考的能力。

如果能够做到以上所说的内容，达成共识也不是不可能。但是，传统的技术无法实现这些内容，好在区块链技术出现了。区块链技术有它的共识机制，再和企业的具体情况相结合，能够形成一个公平、公正、公开、透明的共识系统，让企业成为一个共识系统企业。

员工在共识系统企业当中，能够感受到公平的制度，能够享受到更多的激励制度，所以干劲儿会非常足；同时共识系统企业能够做到上下一心，所以企业的整体力量非常强大，能够快速发展；而且，因为信息的传递非常快，所以企业做出决策和应对困难的能力也会非常强。共识系统企业的生命力非常强大，它能适应时代的变化，能够乘着时代的风浪前行。

第三章 区块链的应用场景

区块链技术应用到商业场景中，会给商业场景带来全新的改变。这些改变能够让整个商业场景变得更加安全、快速、公平、合理，能够让企业在发展时更顺利也更省心。从这些应用场景中，也能看到区块链技术绝不是空有噱头，它在很多场景中都是可以落实和应用的。

区块链+管理

区块链技术正处在飞速发展的阶段，未来它将拥有十分广阔的发展前景，而且因为它的特点十分实用和可靠，所以一定不会成为泡沫，也不会很快退出历史舞台。如果将区块链应用在管理方面，企业的管理一定会更加高效，同时还有可能降低运营成本。因此，各行各业都可以考虑将区块链技术应用在管理方面。

对于传统企业的管理模式来说，不管是人力资源管理还是项目管理、采购管理，又或者客户关系管理，它们的安全性都不是特别好，因此可能会存在这样那样的问题。比如因为数据资源闭塞，在做决定时考虑不周全，以致出现错误的决定，或者在市场机制下交易数据被删改和造假，数据不真实而影响判断和决定。

如果这些管理方面的问题一直存在下去，就会给企业的发展带来极为不利的影响，因此企业需要想办法解决掉这些问题。其实，这些问题影响到的不仅仅是它们本身，还会导致企业无法形成一个科学合理的整体性系统，这样一来，消极的影响会放得更大，使得错误数据不能被实时追踪。于是，各种数据的传递比较滞后，数据紊乱等情况会不时发生，让企业不胜其烦。也正因如此，监控项目做得不及时，管理效率无法提高，追踪责任也做得不好。

以上问题长期困扰着传统企业。当企业选择用区块链技术来做管理时，就能将这些情况有效解决，让企业倍感轻松。

虽然人们都知道区块链技术很强大，但真正能够将区块链技术应用到管理方面的企业并不多。区块链技术在应用方面还处于比较初级的阶段，成熟经验比较少。不过，要想将区块链在管理上应用得更好，还是应该要注意这些问题：有多个版本事实、不可靠的信息、部分真相、隐藏的信息、零碎的数字化、粗粒级数字化。

8Manage是高亚科技有限公司一系列企业管理软件的名称，该公司提供了一整套全面的新一代企业管理软件，兼具私有云和公共云服务，主要的解决方案有客户关系管理（CRM）、供应商管理（SPM）、项目管理（PPM）、财务管理、人力资源管理（HCM）、办公自动化（OA）、商业智能、线上线下管理系统（O2O）、智力机构ERP（FAS）以及生产型ERP（ERP2）。

8Manage使用的正是区块链企业管理模型。8Manage可以将区块链不可更改的交易记录和开放式联合等特点利用起来，让企业实现直通式处理以及去中心化，让企业的运营模式和业务都发生全新的变化。8Manage所带来的市场效率和信息化的层次更高，能够让企业的经济增长速度变得更快。8Manage对区块链的先进技术进行了充分的利用，通过系统里的业务直通式管理、业务实时追踪以及合约管理等，让企业的管理变得更加高效和方便。

动态式管理

8Manage对精细化的数据连接特别重视，它在动态管理的模式之下进行实时交易，可以说做得非常棒了。8Manage能够将低层次的业务元素整合成一个业务组合、合同、订单和项目，这种整合是实时进行的，并且整个整合过程非常有逻辑。它也能够将业务组合、合同、订单和项目分解成相应的业务元素；分解也是实时的，而且这些元素都是细化的。

创新和变革

在技术的创新和变革方面，8Manage做得比较好。它在区块链的基础上创立了企业管理的系统技术，将区块链技术成功运用在了管理方面，这种敢于实践并在实践中摸索前行的做法，值得想要开拓创新的企业学习。

在8Manage系统里面，每一个交互都是实时交易的数据。值得一提的是，因为采用了区块链技术，所以这些数据的轨迹都是可以查询的。它可以让联网互通成为现实，这与区块链里面的数据传输十分类似。它的数据几乎不可以被篡改，因为这些数据全部是环环相扣的。在区块链技术的分布式状态下，就算是个别的电脑出了问题，也不会影响到整体的数据，数据不会有任何损失，风险性很低。

智能合约

在区块链技术当中，智能合约是一个特别重要的内容，区块链技术应用到管理当中，当然离不开智能合约。智能合约和管理结合，会和传统的管理有很大不同。传统的合约能够输入到计算机里面，但是要注意，这和区块链技术的智能合约并不一样，因为它跟计算机系统的智能执行和代码是没有什么联系的。

8Manage系统将现代计算机的高速和业务规则的对称性利用了起来，能够将业务项目、合同、订单和项目所需要的多层级并且可以逐层追踪前因后果的信息视图提供出来。并且，8Manage的信息是分布式的，智能合同、公开招标、公开请求、公开项目等信息会使用分布式的数据库来储存；而对于那些集中式的信息，比如工资、组织构架等，会使用中央数据库的方式进行储存。用这样的方式，既能够有非常好的安全性，还能够实现数据共享，真的非常不错。

区块链+商务

电子商务在刚出现的时候一度不被人们看好，当然它现在表现得相当不错，早已经摆脱了人们的那种认知，成为非常受欢迎的商务模式。但是不得不说，从某种程度来讲，其实支付平台还是限制了电子商务的发展。区块链和商务结合，能够帮助电子商务除去一些限制，得到更好的发展。

一家独大的现象在很多行业中都是存在的，电子商务行业也不例外。这种情况其实对行业的发展是不利的，它会埋没掉一些零散的资源和人才，造成资源和人才的浪费。区块链能够创造一个更加公平的环境，当它和商务结合起来，就可以在一家独大的情况下破局，让那些体量小的企业得到更多的发展机会。

除了打破一家独大的局面之外，区块链给电子商务带来的好处还有很多，比如它可以让在线支付的整个过程变得更加快速和安全。在电子商务方面，阿里巴巴公司有很大的发言权，毕竟它很早就开始涉足该领域了。阿里巴巴公司也是一个非常有战略眼光的公司，它在区块链技术方面的布局做得很早，努力将电子商务和区块链结合到一起。除了阿里巴巴之外，很多电子商务公司也对区块链有着极大的热情。

区块链技术给各行各业都带来了巨大帮助，对服务业也不例外。区块链加上电子商务，让本来就已经比传统商务便捷的电子商务变得更加便捷，人们所享受到的服务可以再次得到升级。区块链的去中心化特点，还可以大大提高电子商务公司的信用和声誉。以前都是市场来评价服务，但是和区块链技术结合，就算没有市场的评价，利用技术手段也可以得到真实的信息。

有些电商行业中的商家，不是中心化市场，但还是要花很多精力和资金来做广告，以赢得消费者的信任。这虽然能够带来利润的增长，但总归还是要花费不少时间、精力以及金钱，在精力有限的情况下，势必会减少在其他方面的努力。商家引入区块链技术之后，可以不用打广告，就能让消费者了解产品，因为区块链本来就是分布式记账的，它的任何一次交易都是透明的，并能够确保信息的真实性。这样不但能够省去做广告的麻烦，还可以让消费者产生更强的信任感，商家还可以将精力花费在提高服务质量上。区块链技术所带来的好处真的非常多。

PayPal在支付方面一直都有很大的优势，而且平台覆盖了非常广的方面，人们对其接受度很高。然而，有一些国家还是对它不信任，比如尼日利亚。尼日利亚是非洲最大的经济体系之一，但是这个国家的人却一度不能使用PayPal的服务。后来，在尼日利亚终于可以使用PayPal的服务了，但是却没有收款的服务，用户只能用它来付款，这就给人们的使用带来了麻烦，因为人们需要更方便的在线收付款方式。因为其结构是中心化的，PayPal也在土耳其停止了运营。

从上述例子就能看出，电子商务虽然比传统的商务更有优势，可中心化的结构还是让它存在不少弊端，也因此而不被一些国家所认可。当区块链和电子商务结合起来之后，这些问题大部分都可以得到解决，并且还有去中心化之后的各种优势。经过这种改变，电子商务会赢得更多人的信任，也会被更多国家所接受。

实际上，电子商务除了信任的问题之外，还有一个让用户感到困扰的难题存在，那就是支付的过程漫长而且昂贵。Monetha公司表示，他们的支付过程，通常需要16个步骤，才可以把交易处理完成，而且对支付网关（银行金融网络系统和Internet网络之间的接口）支付的费用也非常多，最多可以达到15项。在交易的过程中，手续费也是比较高的，它交易的手续费通常在交易的2%至6%之间。区块链技术能够改善支付过程中的问题，让交易的过程缩短，并让交易的手续费用减少。

Monetha公司的一位联合创始人认为，电子商务如果想要跟上时代发展的步伐，就一定要用到区块链的技术。有了区块链以后，电子商务就可以变得更值得信赖，同时效率也会更高。比如，当使用区块链来进行付款，就能让交易的费用更少、速度更快。此外，智能合约能给电子商务以及支付带来各种好处。Monetha公司就存在一个非常好的证明，那就是去中心化信用和声誉系统。如果不是有了区块链，这个系统就不可能给电子商务带来那么大的好处。

电子商务和区块链技术结合之后，能够变得更加先进，它将会展现出更为强大的生命力，更能适应时代的发展和变化。在今后的发展过程中，电子商务一定会因为区块链而获得更大的发展，同时给人们的生活带来更多方便。因此，很多企业都在区块链方面投入了不少的资金和人力。

阿里巴巴公司在这方面的眼光是非常敏锐的，走在了行业前列。阿里巴巴认为区块链能为金融云服务带来非常大的帮助，因此十分积极地探索区块链技术。据一些报道称，阿里巴巴在招聘区块链的专家，可以看出其对区块链的研究花了不少力气。

不管有没有具体的结合方案，也不管方案是否成熟，有一点是可以肯定的，那就是区块链会让电子商务变得更加便捷。电子商务公司应该努力寻找和区块链结合的机会，而普通人则应该期盼区块链给电子商务带来巨大变化，因为这样就能享受到升级后的更高级别的服务了。

区块链+保险

保险行业是人们日常生活中离不开的一个行业。很多时候，买了保险通常也就意味着买了放心，因此，在资金充裕的情况下，人们开始购买各种各样的保险。2017年的相关统计数据表明，全世界的保险市场规模非常大，大约为3.92万亿美元，约占据全世界经济产出的5.7%。如果不是亲眼看到这些数据，可能大多数人都难以相信保险业有如此庞大的规模。

不过，保险行业规模大，不等于各方面都已经完全成熟，更不等于它的系统已经完美。实际上，保险业中存在的问题还有不少，而且这些问题不太容易解决，比如行业的透明度比较低、消费陷阱比较多、保险金的支付手续很繁琐、理赔相对较慢等。人们的生活水平提高了，买保险的意识也更强了，可是保险行业所存在的这些问题，依旧给自身的发展带来了很大的制约，也令不少消费者对保险望而却步。如何将这些问题解决掉，是保险行业一直都在思索的重要问题。虽然保险行业的市场已经很大了，但是如果能够将这些问题解决掉，一定可以取得进一步的发展，而且这种发展有可能会是巨大的。因此，每一家保险公司都希望通过技术上的努力来解决这些问题，哪家公司率先解决了问题就可以在行业中脱颖而出。

解决问题的心是有了，可是真要成功解决，却不是一件轻松的事，否则这些问题也不会一直困扰着保险行业。技术跟不上，再多的努力也无济于事。好在这个时候，区块链技术出现了，让保险行业看到了曙光，让这些问题有了被解决的可能。正因如此，保险行业对区块链技术可以说是非常期待的。

区块链技术带来的安全性，对保险行业简直就是雪中送炭。要知道，人们对保险行业总是存在各种疑虑，信任度低，这对保险行业产生了很强的制约。区块链技术所带来的安全、透明、公平等特性，能够让保险行业得到更多人的信赖，这就意味着，保险行业能够在整体上突破人们的固有认知。另外，区块链技术当中的数据不可篡改的属性，也能对规范保险行业起到很好的作用，这对行业的发展同样有巨大的好处。

区块链的安全、透明、可追溯等属性，对长期被人们怀疑的保险行业来讲，可以说是天大的好事。所以，当区块链技术出现时，保险行业就像看到了一条通往未来的康庄大道。保险行业是一定要和区块链结合的，单从区块链所带来的充满信任感的环境，就已经可以确定了。

上海保险交易所在2017年推出了“保交链”，这是一个区块链保险服务平台。这个平台的功能十分强大，在电子保单存证场景里指纹数据验证链上可以达到每秒5万笔，还可以对高并发的系统请求进行响应。这个系统的应用领域非常广泛，不但在保险交易中可以使用，在监管合规性、反诈骗以及金融清算、结算等领域都可以使用。

从公开的资料中可以看到，“保交链”用四个方面的内容构成了它的主体服务架构。这四个方面分别是用来保证链上数据一致的共识服务架构；用来保证身份数据等相关功能的身份认证服务架构；对认证服务提供支撑，实现智能合约的一系列服务的智能合约服务架构；用来实现动态组网、同一底层平台下多链的配置和访问式服务的平台服务架构。

从系统方面来看，上海保交所基于区块链技术，对应用开发方面的能力、安全性和可扩展性等都有创新性的开发。上海保交所研发“保交链”，称得上是在行业中破冰的行为。开路先锋是最难做的，因为谁都不知道会遇到怎样的麻烦，所以上海保交所的尝试对国内的保险行业来说意义重大，给同行业的人带来了更多信心。有了这个好的开端，其他同行也会在区块链和保险行业结合的道路上走得更加坚定，创造出更多的可能。

说了这么多保险行业和区块链技术结合的必然性，下面细数一下其具体的好处：

第一，区块链可以建立起去中介化的体系，让风险的防范变得更加简单。在分布式数据储存的基础上，区块链让每一个节点都拥有了独立验证客户、理赔信息以及保单真实性的能力。这就相当于用集体的力量，排除了欺诈、错误等行为。

第二，区块链技术能够建立起以数据为驱动的理赔管理模式。实际上，对于数据化和智能化的需求是保险行业始终存在的需求，只不过不容易实现。区块链技术的出现改变了这种情况。保险公司可以在区块链技术的基础之上，建立起以客户为本的理赔模式，处处以理赔为中心，这样一来，保险行业会在人们的心中产生更强的信任度，对行业的发展有极大的好处；并且，区块链技术当中的智能合约技术，对保险行业也有很大的好处，它能让理赔的过程变得更加简单和快捷，理赔繁琐这个令用户倍感困扰的痛点就解决了。

第三，区块链可以给保险行业带来全新的商业模式。世界上不少做得比较好的保险公司，和一些在支付业务方面做得比较好的企业建立了联盟关系。保险公司和这些企业联手，就能在全球账本的基础上建立起一个高效的运作体系，将资源整合起来，建立起一个全球化的业务网，让竞争和发展都变得更加科学。令这种模式得以实现的，就是区块链。

区块链带来的可信任的环境，对保险行业来说是非常有价值的，它能让保险行业插上一双翅膀，在新时代里产生飞跃式的发展。当区块链技术变得更加成熟，和保险行业结合更加紧密时，人们对保险行业的认知一定会发生改变，保险行业也会发展得更快、更好。

区块链+工业

要说2017年什么最火爆，区块链技术一定是其中之一。其他火爆的技术往往不会持续太久，而区块链技术的与众不同之处，就是一直很火爆。其原因大概在于，区块链技术有真正的技术作为支撑，是有真材实料的，所以能够一直受到青睐。

毫无疑问，区块链将凭借它先进和科学的技术特点，在各行各业刮起一阵风暴，在工业领域同样也是如此。具体来说，区块链是工业4.0的底层技术。工业4.0时代的到来，在很大程度上应该归功于区块链技术。如果没有区块链技术，工业4.0时代不会这么快到来。

被誉为“达沃斯之父”的达沃斯论坛创人克劳斯·施瓦布（Klaus Schwab）说过一句话：“继蒸汽机、电和计算机的发明，我们又迎来了第四次工业革命——数字革命，而区块链技术就是第四次工业革命的成果。”

其实细说起来，工业4.0有三种发展状态，这三种发展状态拥有各自鲜明的特点。

第一种发展状态：“工业制造自动化”。工业自动化和工业机器人是这个发展状态的底层技术。当自动化程度达到更高的水平时，需要人工作的内容会越来越少。在这个阶段，工业领域最明显的变化，就是工厂里的工人越来越少，直至完全不需要工人，最终出现无人工厂；而那些需要工人参与工作的工厂，工人能做的事情也将变得更少、更简单，绝大多数的工作内容都由机器来完成。

第二种发展状态："数据流动自动化"。大数据、云计算、工业软件和物联网是这个发展状态的底层技术。这些技术看似简单，实际上，它比工厂无人化还要困难和复杂。它需要解决很多问题，需要更专业的技术，达到让定制化产品在流水线上生产的目的。正因为不好解决，所以有一些问题从工业3.0时代遗留至今。不过，在区块链技术的帮助下，从工业4.0的第二种状态开始，这些被遗留下来的问题将得到真正的解决。

第三种发展状态："经济运行自动化"。区块链将成为这个发展状态的核心技术，没有任何技术比区块链更加重要。如果没有区块链技术，这种发展状态是不可能出现的，也不可能发展起来。区块链技术是第三代数字化思维的代表。区块链技术让思维可以有更大的突破，和以往的思维模式完全不同，这在根本上让发展成为可能。以往的思维模式需要输入程序后再输入数据，最终用程序对数据进行处理，现在则是数据和程序已经结合起来，数据本身就带着程序，因此，数据便可以进行识别了，同时可以变成资产，也可以进行确权。可以说，没有区块链技术就没有"价值互联网"，互联网的深层价值就无法被挖掘出来，这第三种发展状态更是无从谈起，区块链技术的地位在这里不可撼动。

其实，区块链出现以后，我们可以将整个世界当成一个大型的工厂。区块链技术的独特性质，能够使整个世界像一个工厂一样运行起来，让人类社会进入完全工业化和自动化的状态，人力和物力资源都将得到有效的节约。

英国是世界上第一个将区块链的价值定位提升到国家战略层面的国

家，英国央行在很早的时候就已经建立了经济自动化的雏形，它所建立的RScoin体系就可以体现这一点。这个体系是传统银行货币运行体系之外的一个体系，与传统体系不同。在RScoin体系之下，无论是组织还是个体的账户都可以直接在央行开通，而不通过商业银行。这样的好处是，如果出现流通性紧缺的状况，央行只需要向缺乏流动性的经济体上存钱就可以更加精准地解决问题了，避免出现经济危机。要知道，以往央行需要采用买进政府债券、提高货币乘数、降低商业银行贷款利率等方式，才能让流动性变得更强，这显然不如直接存钱更好。

区块链能使社会经济体系更加工业化，当然对工业的具体方面也会有很好的应用。

Moog是一家做机械控制系统及零部件设计精密制造的公司，成立于50多年前，是F-35、波音787等军民用飞机的主要控制部件提供商。在2017年，这家公司就已经开始将区块链技术整合到传统制造业流程中了。

如果一架准备在航母上起飞的战斗机出现了零件方面的故障，但航母上并没有可以替换的零件，那么，只要有一台3D打印机，并有足够的材料，就可以了。只要远程将零件的图纸设计好，在航母上就可以将相应的零件直接打印出来。将飞机上的坏零件替换成打印出来的新零件，飞机就可以起飞了。

军机要通过检修清单中的各项安检后才可以确定安全并起飞，这体现出飞行员对地勤人员的充分信任。那么，机器打印出来的零件，可以被完全信任吗？区块链将这个信任问题解决了。Moog公司把区块链的分布式特性和航母上的3D打印结合起来，提供了充分的可信任性。

对于现代的工业体系来说，区块链的价值是巨大的，它能够从方方面面影响工业的发展。就在现在，区块链已经开始给工业带来革命了，而我们看到的，不过是这场天翻地覆的革命的冰山一角。这场革命与我们每个人息息相关，社会将因此而进步，每个人也都将因此而获益。

区块链+农业

农业没有其他行业那样的快节奏，是比较慢的，因为种庄稼没有速成的方法，我们必须等农作物慢慢生长。农业的节奏这么慢，能够和区块链技术结合吗？答案是“可以的”。农业虽然节奏比较慢，对数据的使用也没有其他行业那么频繁，但区块链技术同样可以给它的发展带来非常大的帮助。如果拥有分布式记账、不可篡改、不可删除等特点的区块链被应用到农业上，可以给农业带来更多的创新，让农业的发展优势变得更为明显。或许，区块链技术可以给农业带来一场新的爆炸式大发展。

如果你不相信区块链加上农业能有前途，那么请看一看区块链能为农业带来的具体好处，就不会再怀疑了。

第一，区块链技术和农业的物联网结合起来，能让农业变得更加规模化和智能化。随着科学技术越来越发达，农业的机械化水平提高了很多，而且农业物联网的规模也逐渐增大，越来越多的先进农业机器开始走进田间地头。在农业对各种需求都有了更高的要求时，区块链的技术经由云分布来介入物联网，能解决各种农业物联网的技术难题。

第二，区块链可以让农业产品的信息变得更加透明，可以确保农业产品货真价实，让更多的消费者放心。在互联网和互联网的身份标识技术的帮助下，农业产品的每一项信息都可以在区块链上进行记录。从农作物长出来的那一刻起，一直到农业产品放到销售货架上，这整个的过程，都可以在区块链上进行记录。消费者只要看一下这些信息，就能够对产品的情况了如指掌。这样一来，消费者就会买得放心、买得舒心。

第三，区块链技术和农业保险结合之后，农业保险在农业上所起到的作用会更加全面。农业保险在一些方面做得并不是特别令人满意，还存在比较大的提升空间，比如在农业产权交易以及农业知识产权保护方面。由于技术的限制，有时农业保险并不能充分保证农民的利益。有了区块链技术的参与，情况会得到改善，农业保险在农业方面起到的作用会更为显著。这对于农业的长久健康发展具有非常重要的意义，能够给农民更多的信心。农业保险的覆盖范围不够广，保险的品种小，骗保事件时有发生，这些问题在区块链技术和农业保险结合之后，将会得到很好的解决。

第四，农业保险和其他种类的保险一样，过程会令人觉得比较繁琐。将区块链的智能合约技术和农业保险结合起来，能够让农业保险变得更加智能。传统的农业保险，在理赔时需要做的事情很多，理赔的时间通常会比较长。当自然灾害发生之后，农民蒙受了很大的损失，他们都希望尽快得到赔偿，时间拖得越久，用户的体验就越差。智能合约能够让理赔过程变得更加简单，并且节省时间，让用户的体验变得更好。可以先根据不同的自然灾害，制定合理的智能合约，当发生自然灾害时，根据合约的内容，就可以自动进行赔偿。这样一来，赔偿的速度能够变快，而且不会出错，效果很好。

江苏中南建设集团股份有限公司和黑龙江北大荒农业股份有限公司

对“区块链+农业”的相关内容进行了研究，把区块链技术和“大数据农业”相结合，合资创立了一个名为“善粮味道”的平台，一起为全世界第一个区块链大农场的发展而努力。

“善粮味道”这个平台的基础是区块链技术和农业大数据以及农业物联网。在北大荒高度组织化的管理模式和大规模集约化土地资源的基础上，提出了一种全新的标准化管理模式——“平台+基地+农户”。自治农业组织这个封闭的组织在平台上建立了起来，在该组织里，产品的整个流程都是可以被追溯的，从原产地一直到消费者的餐桌上，所有信息都清清楚楚。

北大荒股份董事长刘长友表示：区块链技术和物联网都属于新生的事物，通过区块链技术，产品可以更真实地呈现在消费者的眼前。尽管农业物联网在之前已经建立了起来，但现在看来，它还不够完善。如果区块链技术能够在传统农业方面应用得更为广泛，那么大多数的消费者都会因此而受益。农作物的运输流程乃至生长势头都是可以被查询的，消费者只需要扫一扫二维码，就能够对农产品进行追溯了。

区块链技术以它强大的功能和特点，在各行各业都受到青睐，应用得越来越广泛。农业作为第一产业，一定也会应用区块链技术，并用区块链技术为发展铺路。除了中南建设和北大荒在农业方面进行的区块链技术尝试之外，还有很多农业企业都在积极进行尝试。比如中兴农业和同济大学等一起研发的农业区块链应用平台、众安科技利用区块链技术将一只鸡的信息完整地摆到消费者眼前等。

区块链技术在农业方面的应用有着光明的前景，很多人都看到了这一点，在区块链和农业结合方面做着各种努力。相信在这种热情高涨、积极实践的状态下，区块链在农业方面的更多应用会很快被开发出来。有了区块链技术的帮助，农业的发展会越来越快、越来越好。

区块链+医疗

对于一个社会体系来讲，医疗是不可或缺的环节。再强壮的人也有生病的时候，再有精力的人也有年老体衰的一天，如果没有好的医疗环境，人们生活的质量就无法提高，幸福感也会有所下降。与过去相比，现代医疗行业有了长足的发展，但还不足以满足人们日益增长的高水平和个性化需求。区块链技术和医疗行业相结合，能够满足人们对医疗行业的更高期望，让医疗行业变得更加强大。

向新的服务模式转型是当今医疗行业正在做的事，它正在走向数字分散化模式。有不少国家都将数字医疗看作未来医疗行业发展的目标。然而，这个过程并非顺风顺水，数字医疗的工作流程并没有多么高效。原因在于，现在个人健康数据的完整性、安全性以及访问控制等方面，都存在着比较大的问题。区块链的出现，让医疗行业完成这一改革成了可能。

中心化的数据库显然已经无法适应时代的发展，文件柜式的管理就更显得落后，和时代的发展很不协调。医疗数据的储存方式急需改变，否则，患者的私密信息很轻易就能够被泄露出去，给患者带来极大影响。基因数据监测手段以及指纹数据的应用越广，医疗数据泄露之后所带来的后果也就越严重。区块链的安全透明、不可篡改以及可溯源等属性，对患者私密信息的保护能起到非常好的作用。这些属性无不表明，区块链才是用来储存医疗数据的最好技术。

电子病历

区块链本身就是分布式的账本，在数据储存方面有着天然的优势。区块链在医疗行业的应用，可以记录人们的医疗数据，也就是在区块链上给病人建立一个电子病历。当一个人的医疗数据都储存到区块链上之后，他可以随时随地浏览这些数据，并根据这些数据来为自己的健康做一些合理的规划。这些数据还能够成为他今后看病时的依据，让他在医生面前展示更全面的身体状况。

在非常安全的前提之下，区块链可以把各个医疗平台的数据中那些重要的数据连接起来，用一个新的框架，让所有医疗机构都享受到这些数据的价值。

区块链对医疗行业的作用无疑是巨大的，甚至可以带来一场十分重要的技术革命。要知道，有了区块链之后，病历可以实现电子化，而且不用担心它的安全性，也不用担心它被人篡改；而病历的共享，能够促进医生之间的无形交流，这对诊断的帮助是非常大的。

根除假药

假药是令人深恶痛绝的，但是杜绝假药不是一朝一夕就能做到的事。区块链的可追溯性特点，能够在这方面带来很大的帮助。区块链虽然在药品供应链领域已经有了相关的应用，但目前仍然处在一个比较初级的阶段，只是在药品的追踪以及对药品的防伪方面有比较好的应用。

与编码防伪技术有些相似，区块链可以给药品做防伪验证。用区块链技术为药品做防伪，就是将一个可以被刮开的面贴在包装上，需要进行防伪验证时就刮开这个面，刮开之后显示出来的就是验证的标签。这个标签能够和区块链数据进行比对，以保证这个药品不是假冒伪劣产品。

在2017年，辉瑞与基因泰克等制药公司共同做了一个区块链药品追踪项目，名为Mediledger，还做了试点进行验证。如果这个项目能够和预期的一样成功，就说明可以在区块链上记录药品相关数据的对象有很多，比如制药商、批发商、医院等，只要是在药品供应链上的，都可以被记录。药品运输过程中的每一个过程，都能够在区块链上记录下来，药品产自哪里、运输时经过哪里，这些都可以在区块链上查到。这样一来，药品的真实性就非常可靠，想要用假药来替换真药，几乎是不可能的。

基因泰克副总裁在声明里这样说："确保患者的用药安全，对我们来说是义不容辞的责任。我们也很期待区块链技术能在药品供应链试点中，表现出更大的潜力。"

将区块链的技术应用到药品的供应链之后，区块链上将会有和药品相关的一切信息和记录，包括制药商、批发商和医院的所有药品信息和记录。药品的所有流程都是可以追溯的，药品在哪一个环节出现了问题，都可以追溯回去。这样不但能发现假药，造假的人也会被顺藤摸瓜揪出来。这就让那些造假药的人不敢再造假，从而在根源上杜绝假药的产生。

假药伤害的不仅是消费者，同时也是对整个医疗行业的打击，不给假药任何机会，才能真正有效地维护医疗行业的健康发展。区块链在这方面一定能提供非常大的帮助，让医疗行业发展得更加健康。

新的数据共享模式

区块链给医疗行业所提供的数据共享模式是新的，它不同于以前医疗行业的那种比较保守的数据共享。区块链所提供的数据共享模式是去中心化的，所以它所储存的数据更加安全，还能够让监管部门更好地参与到对数据的监管当中。

医疗数据如果被篡改，后果是相当严重的。安全是区块链给医疗数据所带来的重要性能，有了区块链技术的帮助，医疗数据在传递的过程中会更加安全，不用担心数据会出现问题。而且，对于谁能够访问那些受到保护的医疗信息，也可以进行相关设置，这就让数据的安全系数进一步提高。

此外，医疗行业在管理方面的效率也会变得更高。这是因为，将区块链技术应用在当前的健康医疗信息化系统上，能够将传统情况下健康数据交换工作流程里的第三方省去。

我们可以看到，当区块链技术和现代医疗结合之后，能够给现代医疗带来巨大的好处。区块链所提供的安全的数据共享功能，能升级现有的数据共享实现模式，满足医疗行业对安全性和高效性等方面的更多需求。这样一来，人们就会对医疗行业更加满意，幸福感也会变得更强。

区块链+能源

能源可以是分布式的吗？对于这个问题，可能你会感到有些奇怪。但是，当区块链技术和能源结合起来之后，能源可以拥有区块链的分布式属性，变成分布式能源。这种能源与传统能源相比，显得更加科学。

分布式能源，英文叫distributed energy resources，是一种分布在用户端的能源综合利用的系统。一次能源主要是气体燃料，辅助能源是可再生能源，因此可以将一切可利用的资源都利用起来。二次能源主要是分布在用户端的热电冷联产，辅助能源是中央能源供应系统，通过能源梯级利用，可以直接让用户的多种需求得以满足，并用中央能源供应系统来进行补充和支持。在排放方面，可以把一部分污染资源化和分散化，让排放量降到最低，更好地保护环境。采用分布式能源，输送能源的过程会更加简单，长距离的运送能源会逐渐减少，在能源的输送和利用方面将更科学，使得能源利用的灵活性和安全性都大幅度提高。

和区块链技术结合后的分布式能源具有很多优势，比传统能源要强得多。

节约用户成本

区块链给能源带来的分布式属性，能够节约用户的成本。拿电力系统来讲，电力系统其实一直都是处于一个垄断的格局当中，而分布式能源能够打破这种垄断。哪里的电价更便宜，用户就可以选择哪里的电，而不再只能用固定线路上的电，这在传统电力系统当中是做不到的。如果区块链技术能够应用到电力系统当中，电力市场就会由卖方市场变成买方市场，用户就可以享受到更多的实惠。

用户享受到实惠，并不意味着电力公司会蒙受损失。乍看起来，似乎由卖方市场转变为买方市场，会使电力公司的利益受损，其实，当电力市场转变为买方市场之后，会刺激市场的发展，从整个行业的发展来看，是有利的而非有害的。所以，区块链应用到电力系统，是双赢的局面。

通常距离发电站越近的地方，电价就会越便宜，于是在自由选择的情况下，用户会选择就近购电，客观上减少了输送过程中的电力损耗，同时也减少了基础建设以及维护这些基础设备的费用。从这些就能够看出，分布式能源可以让成本和损耗都变低，不仅节约了成本还减少了浪费，同时还满足了消费者的需求，一举数得。对于其他能源方面，应用区块链技术也是同样的道理。

追溯用户

区块链技术的可追溯的特点，对能源来说也很有用。

还是以电力为例来说。假如用户用自己的一套发电装置发电而产生了污染，以前会对电厂追责。但是，在分布式能源的模式下，每个用户都可以被追溯到。一旦出现了问题，都可以直接责任到人，这样能够迅速解决问题，令人感到信服。

如果用户需要对自己的污染行为负责，那么用户就会尽可能地减少因为发电而造成的污染。于是，用户会节约用电，并且用更环保的方式来发电，比如利用太阳能、风能、地热能等更加清洁的能源。

可追溯的特点能够对能源的各方面加强管理，减少能源的浪费和环境的污染，对于可持续发展具有十分重要的意义。

优化资源配置

如何优化资源配置，对能源来说也是一个很令人伤脑筋的问题。区块链技术可以解决这个困扰着人们的问题。

在电力行业，随着科技的发展，发电的效率会有所提升，发电的类型也越来越多，其中太阳能发电发展得非常好。风力发电对环境的要求比较高，需要空旷并且风力充足的地方，而太阳能发电相对来说对环境的要求就低一些，只要有足够的光照，几乎在任何地方都可以使用。

分布式能源让用户可以充分利用闲置的资源来发电，自家的屋顶、田野里都可以设置太阳能发电装置。当资源配置更优化的时候，浪费就会更少，对自然资源的利用也会更充分。

发展前景

分布式能源与传统能源相比具有很强的先进性。在一些发达的国家，人们在这方面投入的力度是比较大的，发展得比较迅速。很多发达国家的政府对分布式能源的发展特别重视，不但对其进行技术支持和规划引领，还出台了很多优惠政策，并帮助其建立起合理的价格机制以及统一的并网标准。有了政策的鼓励，人们对这方面的研究就会更有动力，更多的资源和人才也会集中到这方面来。在欧盟，分布式能源的比例已经达到了10%左右。可见，分布式能源的发展速度是十分可观的。

我们国家的分布式能源发展相对发达国家来说是比较慢的。就目前来看，分布式能源更多地出现在北上广等比较大的城市。在我国，分布式能源要形成一定的规模并不是很容易，原因主要在于没有统一的规划和标准，也没有相关的法规来进行规范。

从好处众多这一点就能看出，分布式能源一定会成为未来能源发展的主要方向。它对能源的利用率高，对环境的危害性小，能有效提高能源的供应，且可以产生良好的经济效益。我国已开始重视分布式能源的发展，相信很快就能形成规模化的分布式能源体系。

现在，区块链技术发展得越来越好，它和能源的结合肯定会更紧密。在不久的将来，分布式能源也会在我国逐渐兴盛起来，给我们的生活带来更多的方便，并有效保护环境、节省资源。

区块链+娱乐

区块链技术能在很多行业得到应用，给这些行业带来革命性的变化，那么，它能不能和文化娱乐结合到一起呢？显然是可以的，因为区块链技术几乎没有什么行业是不能渗透的，它能和绝大多数行业相结合，文化娱乐行业也不例外。

事实上，文化娱乐行业一直对新鲜和流行的事物比较敏感，当区块链火爆全球时，文化娱乐行业都在努力和区块链联系到一起，就连看似和区块链不太可能产生交集的明星和网红们，在区块链方面所表现出的热情也是可圈可点的。

TFBOYS这个组合在年轻人当中非常火，TFBOYS的粉丝在区块链方面就做了一些尝试。一个名字叫“TFBOYS饭票”的网站被TFBOYS的粉丝做了出来，并且还发行了“TFBC饭票”（TFBC）。

该网站表示，其所发行的“饭票”是“全球首个区块链粉丝数字娱乐通证”，还表示这个网站是区块链粉丝后援团自发创立的，未来，这些粉丝打算在这个网站的基础之上，建立起世界第一个粉丝区块链文化圈。

网站表示，用TFBC可以做的事情非常多，通证互换、线下活动、演出票务、粉丝直播和粉丝答题等都可以实现。有了TFBC，多元化的生态就建立了起来，用区块链技术就可以让粉丝团在监督和维护偶像和粉丝的形象及利益方面变得更加容易。

网站还对TFBC的使用场景进行了一些描述，其中包括购买票务、线上打榜以及购买明星周边等，可以说使用的场景非常广泛。

网站称TFBOYS组合中的三个明星总共获得60%的饭票，也就是每个人会获得20%。TFBC发行的数量是固定不变的，总量是59993157张。这个数量是TFBOYS组合中三位明星生日的数字之和。

TFBOYS的粉丝在区块链技术方面表现出来的热情显然是很大的，不过这种热情并没有产生非常好的效果。因为在我国，首次代币发行（ICO）的行为是不被允许的，是被央行明令禁止的。TFBOYS的经纪公司的反应很快，迅速对这件事情做出回应，表示这是盗用组合名义进行的非法牟利活动，并保留法律措施追究的权利。究竟是粉丝的行为，还是假装成粉丝的人利用了TFBOYS的影响力来牟取利益，这件事需要查证才能知道。不过，文化娱乐行业对于区块链技术的热情，从这件事情中可以体现出来。

区块链在文化娱乐领域一定会有所应用，但是应用不好，就可能是违法的。因此，怎么在文化娱乐领域应用区块链才是最好的方式，是值得思考的问题。实际上，大多数人对于区块链的认识和印象，还停留在金融等特定的领域，对区块链技术的理解还不够深入和透彻。不过，随着区块链技术在各行各业的应用越来越广泛，区块链在文化娱乐领域的应用一定会越来越多。

区块链技术对文化娱乐领域的好处有很多。

第一，区块链可以在打击盗版方面起到很大的作用，能够维护正版的权益，保护人们的创作热情。保护正版说起来容易但做起来难，区块链技术可以让这个难题变得不再困难。创作者的权益可以得到更好的保障，也就意味着会有更多的人加入到原创的行列当中，这是区块链对文化娱乐领域带来的一个非常大的好处。

以数字音乐方面的版权保护来说，我们来看看区块链对版权的保护。

词曲创作者或者音乐人可以把自己创作出来的内容放到区块链网络上面，于是相关内容就有了区块链的记录，在这之后就可以追踪到对作品的使用和播放情况。这样一来，创作者可以对作品的被使用情况更加了解，保证作品不会被其他人盗用，并且对自己作品的信息和收益情况更加清楚。此外，创作者还可以对自己作品的权限进行设置，不需要受中间商的摆布。

保护了正版的权益，打击了盗版，这对创作者来说是天大的好事。

第二，粉丝经济的新玩法会因为区块链技术的接入而产生。粉丝经济对文化娱乐领域来说是非常重要的一种经济，当区块链和粉丝经济结合起来之后，粉丝经济就能变得更加多元化。去中心化可以让每个粉丝的价值得到更好的体现，并且减少粉丝和明星之间的中间环节。粉丝通常和明星之间是紧密相连的，有时候粉丝的行为会由明星来买单，可粉丝为明星所花的钱，明星不一定能够拿得到。区块链技术能够将粉丝和明星紧密联系到一起，粉丝花钱却被其他利益集团赚去的情况将会被避免，粉丝能够直接花钱支持自己喜欢的明星，以确保明星的创作热情。明星有了创作热情，会用更多作品回馈粉丝。这是一种令双方都满意的局面。

第三，通常在文化娱乐领域，都是“大内容”的主场，而区块链技术则让“小内容”的价值得到了体现。这样一来，即便是微小的创新，也会有更多的人愿意去做。这些微小的创新积累起来，就是巨大的创新和改变。

以前，如果是没有名气的中层甚至是下层的创作者，他们创造出来的“小内容”，无论是名气还是收益，都要差很多。这正是很多人做事时没有动力的原因，因为明知不会对结果有什么改变，就懒得去努力。区块链的出现，让中心化的市场变成了去中心化的市场，每一个节点的价值都能够被体现出来。区块链将之前的市场壁垒打破，让那些“小内容”也拥有了价值，这就激活了整个市场。

现在的视频传输都存在一些问题，即便是一些世界级的大型视频平台如YouTube，也无法避免，原因则是内容传输成本高以及流媒体质量低等。当区块链技术得到应用之后，由于区块链是分散式数据储存，所以就能在传播视频时以分散式对等网络的方式传播，将这些问题解决掉。

区块链给文化娱乐领域带来的影响将是巨大的。我们完全有理由相信，当区块链在文化娱乐领域广泛应用起来时，文化娱乐领域的事情将会变得更加透明，创作者创作的激情也会因此而高涨。到那时候，文化娱乐行业会变得更加健康，更加充满活力。

区块链+游戏

近几年随着智能手机的普及，手机游戏蓬勃发展，很多游戏公司都因手游而赚取了丰厚的利润。整体上来看，游戏行业似乎不存在什么问题。玩手机游戏的人越来越多，在游戏上花钱的人也不在少数，整个游戏行业显得十分繁荣。

不过，在繁荣的表象之下，游戏行业所存在的一些问题其实一直很难解决。对游戏比较了解的人一般都知道，游戏中存在一些不和谐的因素，比如各种外挂（通过欺骗或修改游戏以谋取利益的作弊程序）层出不穷且很难禁止，游戏中的虚拟财产有被盗取的可能，游戏的生命周期逐渐缩短、研发与CP分成过低、分发渠道垄断等。这些问题只能依靠先进的技术来解决。

区块链技术出现之后，游戏行业从业者看到了曙光。如果将区块链技术应用到游戏领域，这些问题都可以得到解决。区块链在与游戏结合之后能够让游戏行业变得更加公平、健康、和谐，对游戏行业的发展能起到非常大的促进作用。

我们都知道，区块链实际上就是一个分布式的账本，在这个账本上可以记录许许多多的内容。如果游戏使用了区块链技术，那么玩游戏的人登录了游戏账号，就会产生相应的记录。这样一来，游戏账号的所有动态都被记录得清清楚楚，并且是可以查询的。在这种模式之下，游戏账号很难被盗取，游戏玩家可以在玩游戏时感到更放心。

区块链技术能够让游戏的环境显得更加公平，令玩家享受到被公平对待的乐趣。区块链具有去中心化的特点，在区块链上所有人都具有相同的权利。游戏应用了区块链技术之后，中心化的服务器也就没有了存在的必要。这样一来，可以让游戏的玩家对游戏数据有更多的了解，游戏玩家的知情权就能够得到充分保障。

在以前，玩家是不知道游戏数据的，因为这些数据储存在中心服务器当中，这是中心化的系统的显著特点。在这种情况下，就算游戏的运营商对数据进行了修改，玩家也被蒙在鼓里。如果一款游戏为了增加噱头，搞各种各样的虚假活动来欺骗玩家，玩家也很难发现。不管运营商有没有做欺骗玩家的事情，运营商都有这样的能力，这对玩家始终是个隐患。区块链技术能够解决这个问题，让玩家不再受到运营商的摆布，因为在分布式的数据储存模式下，运营商也无法随意更改游戏数据。游戏就会成为一种脱离运营商而存在的更客观的内容。

比如A游戏是一款玩家数量很多的游戏，在这款游戏当中，有一种非常稀缺的装备，这件装备需要做特定的任务才可以获取。而且，即便是做了这个特定的任务，玩家得到这件装备的可能性也是非常小的。于是，为了得到稀缺的装备，玩家需要不断地做这个任务，以求能够爆出这件稀缺的装备。

为了做那个特定的任务，玩家需要购买一张“门票”。A游戏为了吸引更多的玩家，让活跃用户的数量在特定的时间里变得更多，便会搞活动，降低做任务的“门票”的价格，并且还有可能免费发放一部分门票给玩家。于是，玩家就赶紧趁着这些活动去做任务。可是到头来，刷到一件稀缺装备所花的钱一点也不比平时少。

这就有可能是游戏运营商修改了游戏的数据。虽然人们做任务的次数增加了，但是任务中爆出装备的概率却被运营商调低了。玩家得到一件稀缺装备所需要花费的钱并没有减少，运营商却为游戏赢得了更高的活跃度。

从上述例子中能够看出，中心化的系统让运营商有机会对游戏的数据进行垄断，给玩家一个不公平的游戏环境。当区块链应用到游戏行业当中，运营商就无法随意修改游戏的数据，整个游戏环境会更加公开透明，玩家能够享受到公平的游戏。运营商和玩家对于游戏的权利会趋于一致，这是每一个游戏玩家都乐意看到的事。实际上，这对游戏行业的发展也有帮助。运营商无法通过投机取巧的方式来获益，就会更专注于游戏开发，创造出更多更好的游戏。

游戏中资产的支配权也会因为区块链的去中心化而发生改变，这对玩家来说也是一件非常好的事情。有很多玩家会在游戏中充值，那些充值的资金以及游戏中获得的有价值的内容，构成了游戏中的资产。过去，玩家在支配游戏中的资产时，会受到运营商的限制，无法像现实生活中买卖物品那样自由。区块链的去中心化属性，能够令玩家脱离运营商的控制，更自由地支配这些资产，就像在现实生活中那样。

很多游戏中都有游戏商城，它给玩家提供了一个购买游戏道具的空间，玩家可以在那里花费自己充值的游戏币，买到自己需要的游戏物品。区块链和游戏结合之后，游戏商城的作用会越来越小，甚至可能会逐渐被淘汰掉，因为玩家完全可以自己进行交易，甚至可以像挖掘比特币等数字货币那样，在游戏里建立起一个独立的经济体系。

游戏中所使用的游戏币，一般都是由游戏运营商创造并在游戏当中发行的，因此，运营商拥有游戏中的“造币权”。比如，在腾讯公司的游戏当中，玩家可以使用游戏中的货币——“Q币”。Q币在所有腾讯游戏中通用，在腾讯游戏的体系当中，Q币就像现实中的货币一样，而Q币的制造权在腾讯公司的手里。

区块链技术和游戏行业结合起来以后，游戏公司的“造币权”就会受到挑战。如果能够将所有的游戏中使用的货币都变成一种统一的货币，玩家像比特币挖矿一样，都能够创造出货币，那么整个游戏行业就会成为一个游戏经济联盟体系。

将游戏运营商在游戏中的“造币权”夺回来，让每个玩家都拥有创造价值的能力，这样的游戏会显得更加真实，游戏会更公平也更好玩。在这样的情况下，游戏中的虚拟货币可以通过玩家在游戏中创造的价值被制造出来，玩家说不定可以通过游戏本身来赚钱，而不再需要做游戏直播或者通过其他衍生方式来赚钱。尽管这样可能会使游戏运营商的利益产生一定的损失，但整个游戏的生态环境会变得更好，对游戏行业的发展也是极为有利的。

区块链+物联网

顾名思义，物联网就是一个将物和物连接到一起的网络，是物物相连的互联网，是新一代信息技术的重要组成部分。从理论上来讲，物联网的含义可以从两个方面来看。第一，它是在互联网的基础上建立的，是在以互联网作为核心的前提下，向外扩展和延伸出来的网络。第二，物联网的用户端非常广，它是在所有的物品之间进行通信和信息交换，让物与物之间相连。

人们对物联网这个名字，可能不如对互联网那么熟悉，但物联网其实和我们的生活息息相关。现在物联网已经开始在各行各业进行应用，只要多留心，就能经常在身边发现它的影子。

比如按照客人的个人爱好，对室内的灯光和温度进行调节，让服务更加人性化；生产线通过物联网做到自动化处理，让工厂变得更令人省心；在医院里，物联网也可以得到应用，对病人的病情进行远程监控和调节。

物联网是建立在互联网技术之上的，所以它本身就比较先进。物联网对人们的生活和工作都会带来很大的帮助，它可以提升资源利用率，还可以大大节省人们的时间。在信息技术高度发达的今天，信息设备的制作成本越来越低，价格也越来越低，几乎每个人都在频繁使用互联网，电脑、智能手机，各种智能设备也纷纷接入网络。接入互联网的设备以近乎疯狂的速度上涨，一个规模庞大的物联网迅速成型。

IBM曾对接入互联网的设备数量进行过统计和预测。结果发现，在1950年，接入互联网的设备仅有5000台，而到了2009年，接入互联网的设备已经高达25亿台，2014年更是达到了100亿台。预计到2050年，会有1000亿台设备接入互联网。

可以肯定的是，随着时间的推移，接入物联网的设备只会越来越多，不会减少。物联网会像水和电一样，成为我们生活中不可或缺的一部分。

虽然物联网本身已经很先进了，但如果不与区块链技术结合，依旧不能算是代表时代先进性的。传统的物联网以中心化的数据中心来接收和传递信息，这种模式并不是特别好，在收入以及生命周期成本等方面都存在着一些缺点。传统物联网的这种中心化的模式在分布式模式面前已显过时，它需要和区块链技术结合，以焕发出新的生命力。

传统的物联网需要依靠服务器或用户端模式，又或者是中心化的代理通信模式。在这样的模式之下，连接进来的设备都是依靠云服务器来验证连接的。要知道，就算是两个设备相距只有几米远，但是想要用互联网进行连接的话，还是要通过云服务器。云服务器必须具备非常强的储存能力和运行能力，才可以担当此任。这显然增加了信息传递的次数和路程，让事情变得更加复杂。

正是因为这些弊端的存在，所以虽然这种模式经过了长时间的使用，也有众多的通用计算机连接到它上面，并且那些规模比较小的物联网也在使用，可它依旧需要被淘汰。否则，当物联网的整个生态系统变得更加庞大时，它将无力提供相应的服务，进而崩溃掉。

现在物联网的解决方案是非常昂贵的，因为中心化云服务器、网络设备以及大型服务器的基础设施和维护成本都特别高。若是接入物联网的设备数量继续增加，达到了数百亿的水平，那么通信信息就会变得更多，同时成本会继续上涨。这是令人难以接受的，必须要寻找新的方式。

即便是情况突然出现好转，例如这些经济消耗在将来人类高度发达的生产力面前不再是问题，云服务器依旧会成为物联网发展当中的一个限制因素。一旦因这个服务器而产生了瓶颈，或者是这个云服务器出现了问题，那么整个网络都会受到严重制约，甚至被瞬间颠覆。如果在将来人类越来越多地依赖物联网，甚至生命安危都系于物联网时发生这样的事情，后果是不堪设想的。由此也能看出，中心化的物联网系统是不可取的，它太危险了。

区块链技术就像是上帝为了解决传统物联网的麻烦专门送给人类的礼物，虽然它也可以解决很多其他的问题，但与物联网这个和每个人生活直接相关的网络相比，似乎其他问题的重要性都显得稍微小一点。区块链就像是物联网天生的好搭档，它的出现，解决了物联网的众多困难，让物联网变得更加安全可靠。如果物联网能够和区块链技术完美结合，人类就可以放心使用物联网了。

区块链所提供的安全的环境，是物联网迫切需要的。我们都知道，随着移动互联网的高度发达，各种骗子、黑客等不法分子的作案手段越来越高端，一不小心，可能钱就被偷了，信息就被盗了。互联网相对来说还是虚拟的，一般不会给人的生命带来直接威胁，而物联网则不同。假如有不法分子通过攻击家用设备来攻击家庭网络，对安全方面做得不到位的家庭来说，不法分子简直可以为所欲为。因为是和具体的物相连的，这有可能会给人的生命带来威胁。比如用户正在开车，汽车被人控制了，后果就会不堪设想。

物联网与区块链结合起来之后，安全性能就会大大提升，人们不需要再为安全问题伤脑筋，可以放心使用物联网了。因为区块链是去中心化的，建立在区块链技术之上的物联网也将是去中心化的。这样的物联网不会受到一个或几个节点的影响，即便有些节点被人攻破了，整个网络的数据依旧是安全的。而且区块链技术不可篡改的属性，对物联网的安全也会起到重要的作用。

除了提供安全的环境之外，区块链还能降低物联网的运营成本，这对于物联网来说也是天大的好事。以中心化的网络为基础的物联网，信息传递的过程会产生巨大的运营成本。去中心化的区块链结构，可以让节点之间进行数据传输，并且利用本来就闲置的设备的计算力，让储存、计算以及信息传递的成本都大大降低。

物联网和区块链结合到一起，几乎是一种必然，就像是上帝的安排一样。物联网给人们提供了方便，区块链技术则为安全和节约成本保驾护航。它们的结合将会使未来生活变得更加智能、更加安全。

区块链+人工智能

最近几年，人工智能非常火爆，和区块链技术一样，经常能够听到人们在谈论和它相关的内容。那么，区块链技术和人工智能相结合，能够擦出怎样的火花呢？它们结合在一起，或许可以预测未来。

说起预测未来，有人可能马上想到了神话故事，比如《封神演义》里的周文王就特别会占卜，能够预测未来。其实，预测未来并不是不可能的，如果有大数据做支撑，再用科学的算法进行计算，就能够做到。有了区块链技术的帮助，人工智能预测未来并非不可能的事。其实，已经有人在做这方面的事情了，而且做得还很不错。

世界上第一个以区块链技术为基础的预测软件正在开发当中，它的名字是Magos AI。现在它已经通过ICO筹集资金，在ICO筹集资金的活动中，人们可以购买一种名为MAG的全新货币，凡是购买MAG的人都成了这个生态系统当中的一个组成部分。现在，它已经筹集到了70万美元左右的资金。在今后的日子里，那些为此而投资过的人就像是购买了股票一样，可以从不断增长的收益当中获得相应的利润。

MAG这种货币给人们带来的好处之一，就是持有者可以从Magos那里获得它的平台所产生的利润。由于这个平台是以去中心化的方式运行的，因此除了能够获得收益之外，拥有MAG的人还可以对项目是否要继续发展下去进行投票。

Magos准备推出由人工智能来负责管理的基金，这个基金是能够对未来进行准确预测的，想想都令人感到兴奋。

人工智能本身已经给人们带来非常强大的诱惑力了。它所具备的能力处处给人们提供了这样的暗示：它将代替人类工作，给人类的生活带来翻天覆地的变化。然而，这些并不是人工智能最令人惊喜的地方，因为普通的机器人或许也能做到这一点。而和区块链技术结合之后，人工智能将可以预测未来，这就比人类还要高级了，甚至显得有些不可思议。这与其他的工作技能相比，更令人惊喜万分，预测未来或许能令人们的生活变得更从容。

人工智能和区块链结合之后能够带来惊喜，这一点并不会让人感到意外，不过说起预测未来，还是会有人觉得难以置信。其实，人工智能早就在预测方面做出过令人感到惊讶的事情了。如果你能对人工智能多一点了解，并对区块链技术的潜力有足够的信心，就不难相信预测未来的可能性。

人工智能通过切片组织，可以提前发现癌症的一些问题，并且在这方面做得比人类更好。在欺诈性支付攻击即将发生时，人工智能往往能够感觉到。更不可思议的是，人工智能还可以在法律文件中发现错误，并将这些错误标记出来。

OpenAI曾经通过Dota 2这款游戏来对AI进行测试。Dota 2是一款对战的游戏，非常复杂。这个游戏中有非常多的可能，比如假装攻击而让对手进行闪避，还要预测敌人会在什么地方出现，是不是躲在暗处准备伏击等。OpenAI的AI机器人第一次接触这个游戏时，学习速度非常快，它甚至可以在一对一比赛中战胜职业选手。由此可见，它的预测能力是非常强的，不然，它无法玩好这个游戏。

从以上例子中我们能够看到，人工智能本身就具备一些预测的能力。人工智能和区块链技术结合之后，在强强联合的基础上，预测未来将不再是难事。

我们每个人都可以对未来有美好的憧憬，也可以对未来做出预测，比如看到天上乌云密布，就可以预测到未来会下雨。假如人工智能可以像人脑一样运作，再加上区块链技术和大数据的帮助，它能预测未来就顺理成章了。人们只需要将神经网络和区块链技术结合起来，就能够使用软件来对生物的大脑进行模拟。听起来是不是挺简单的？Magos AI项目把神经网络和人工智能以及区块链技术结合起来，让这几种技术共同作用，对未来进行预测。这个软件现在主要是用来对体育市场以及去中心化市场进行预测。它的信息来源渠道非常丰富，对这些信息的收集，要经过AI过滤来进行。

这是一个十分有效的系统，原因在于它的系统构成十分科学。如果预测未来需要很大的成本，我们花费巨大的成本来预测一个“不太值钱”的未来，就显得没有必要了。不过不用担心，当这个系统成熟以后，预测未来的成本将不会很高，而且准确率会很高。Magos AI能够利用相应的参数对数据进行修剪和组织等处理，只需要将体育平台和第三方预测接入到系统当中，并提供数据就可以了。

Magos 蓝皮书中表示：

核心预测机制包括高级数据的挖掘、整理与数据分类，降噪，深层分析，权重分配和自动调整。使用特殊的插件（如波动评价）来确保模型能够避免高水平的不确定性事件，并且，网络风险管理提供了基于模型性能的最优资金增长。

我们想要的预测未来，当然是包括方方面面的，越全面越好。这样，或许我们能够对自己的未来进行一个最有价值的规划，让自己的每一天都过得无比充实。可是现在Magos所做的只是对体育和市场的预测，似乎范围太狭窄了。不过不要太担心，因为在区块链技术的帮助下，预测未来的技术一定可以在越来越多的领域得到应用，例如数字资产管理领域等，由于数字资产在未来是大趋势，这种预测的价值会非常高。如果预测未来的技术更加成熟，预测未来的成本将变得更低，那么它肯定会应用到更多的领域。

对此，Magos的团队曾这样申明：

我们从常规的预测标记和体育预测开始， 但我们关注的核心一直是去中心化资产管理和像Augur、Gnosis、Melonport 和 Stox 一样的市场预测平台。我们预计这项技术将在2018年完全成熟，我们的项目也会更加透明。这将是2019年Oraculum门户网站发展的关键一步，我们想让任何对预测感兴趣的人将Magos用于他们的预测领域——不管是体育还是商业金融。

预测未来可不是只存在于神话故事当中，它有可能进入到我们真实的生活中。区块链加上人工智能之后，预测未来将会成为可能。可以想象一下，你对着可以看见的未来，来规划自己的人生，将会是多么有趣的一件事。我们可以将未来把握在手中，而不是为它患得患失。区块链加人工智能，这两种先进的技术能够带给我们超乎想象的惊喜，让未来清晰可见。

区块链+数字版权

版权对于创作者来说非常重要，如果版权不能得到保护，创作者的创作热情会遭到十分严重的打击。版权问题十分常见，无论是抄袭还是盗用，都时有发生，令人颇为困扰。版权问题非常复杂，比较难以搞清楚，就算搞清楚了，维权的时候也要花费大量的时间成本。

正因如此，有些人被侵权时，会选择睁一只眼闭一只眼，不去认真追究。虽然不去追究，但内心肯定很不平衡，而版权得不到保护，对所有的创作者都会产生影响，也让整个创作环境变得糟糕起来。

随着信息技术的发展，作品的流传速度变得越来越快，这对创作者来说是大好事——知识不但能够变现，成名也可能只是一夜之间的事情。原创者最希望看到的事情，大概就是自己的作品火了起来，赚了很多版权费，同时自己也名声大噪；而他们最不希望发生的事情，就是别人抄袭自己的作品，抄袭之作火了起来，而自己的作品却无人问津。然而，后一种情况却时有发生。所以这对于创作者来说，是好的时代也是坏的时代，如果不能保护好版权，创作者有可能会因此而意志消沉，停止创作优秀的作品。

对创作者来说，版权就像生命一样宝贵。保护好版权，才能让创作者的创作热情得以维系，这是绝不能马虎的事。然而，在版权保护的道路上，一直有三个难题很难解决。

1.难以对原作进行保护。尽管很多原创者都知道自己的作品有可能被抄袭，但是如果进行版权登记，有可能会花很多费用，同时也会用掉很长的时间。在网上进行创作的人，用这种保护方式实在是费时耗财，一点也不划算。大多数在网上创作的人都不会采取登记和保护的措施，这就导致他们的作品时刻处于被抄袭的风险当中。

2.难以寻找证据。当原创者找到抄袭者时，抄袭者往往会表现得非常强硬，仿佛他并没有抄袭一样。这时候，只有拿出证据，才能证明抄袭的事实。可是，要寻找能够被法律认可的证据并不简单，这会难倒很多原创者。

3.难以维权。原创者首先可以在网络平台进行维权，但是这个过程需要复杂的手续，让人不胜其烦。如果进行法律诉讼，则有可能花费更多钱。于是，很多原创者在被抄袭和侵权时，都选择了沉默。

传统上，这些难题是很难解决的，不过有了区块链技术之后，在强大的技术能力之下，这些问题都可以被解决。有了区块链技术撑腰，那些原本选择在被侵权之后保持沉默的原创者，终于能够有底气去维权，且不用担心花费太多的时间成本。

区块链技术几乎可以应用在所有的维权场景中，它应用到版权方面可以起到非常广泛而重要的作用，并且它是有一定法律效力的，这一点十分关键。区块链技术让版权保护问题变得简单起来，不需要特别烦琐的认证，也不需要长时间的等待，而且花费不了多少钱。原创者无须担心时间和资金方面的问题，在维权时可以更放心。

区块链可以给原创作品做一个“电子身份证”。这个电子身份证永久有效，并且不能被篡改，和人的身份证非常相似。具体来说就是，根据区块链去中心化的技术特点，给原创的作品嵌入一个密码。这个密码是16进制的，它会在连接到区块链的所有电脑上面储存下来，每一个作品都有自己的电子身份证。这样一来，要维护作品的权益，当然就会方便得多。

区块链在维护版权方面会有非常好的表现，并且绝对靠得住。

区块链具有安全的特性，因此不用担心版权数据的安全问题。这一点，有区块链的强大功能为后盾，值得信赖。通过ETC区块链网络，把版权登记的信息“申请人+发布时间+发布内容”合并起来，然后加密上传。于是，版权信息就有了一个区块链ID，这个ID是唯一的。在区块链强大的功能保护下，这个数据信息是不可篡改的，而且可以永久保存。这个信息可以得到全球的认可，无论是在哪个国家，提供版权的证明都是绰绰有余的。

版权有“先后”的问题，谁先创作，版权就应该是谁的。在过去，想解决这个问题并不简单，需要找到各种证明来证实，而且这个证明并不好找。区块链拥有时间戳，作品的发布时间是由时间戳来证明的，于是解决上述问题变得非常简单。利用区块链技术加盖时间戳，这份数据和传统的版权证书是类似的，只要看一下时间戳，就没有人能颠倒黑白了。

利用区块链维护版权并不单单停留在想的层面，应用到实际的版权维护当中完全没有问题。关于这些，已经有过一些实例了。

英国女歌手伊莫金·希普就曾不走寻常路，把自己的一首名为*Tiny Human*的新歌在以太坊的区块链上发布。人们可以把以太币存入伊莫金·希普的账户，然后就能够拥有她所上传的MP3音乐文件的使用权限了。于是，伊莫金·希普不但让自己的歌曲有了版权方面的保证，而且可以将收入直接纳入自己的囊中。

版权问题本来是很难搞清楚的问题，版权也很难被保护和维权。但是，有了区块链这种先进的技术，这个难题变得简单起来。区块链用在版权保护方面，具有非常大的优势，它不但操作简单，而且还是免费的。原创者只需要在区块链上存下创作的信息，就不用担心没有维护版权的证据了。

随着区块链技术的发展，区块链一定会和版权保护有更多的结合，在版权保护方面提供更强有力的技术支持。当区块链技术和版权保护完美结合时，侵权和抄袭的问题会变得更少，创作者们的创作热情将会更高，整个创作的大环境也会更加和谐。

区块链+公益慈善

公益慈善对社会来说是一件意义非凡的好事，不但能够帮助处于困境中的人，而且还能影响到社会风气，传递正能量。最近这些年，我国的公益慈善事业发展得越来越好，无论是传统的公益慈善机构，还是网上的各种互助平台，发展得都非常快，而且也越来越专业。这些都是好事，值得肯定和弘扬。

然而，在公益慈善当中，也存在一些问题。我国的公益慈善事业一直存在透明度低的问题。由于资金的追溯比较难，导致人们对公益慈善事业的信任度不够高。这影响了人们对公益慈善的热情，是急需解决的问题。

公益慈善事业和区块链有着天然的可匹配关系。公益慈善事业应用区块链技术之后，可信度大大增加，可以让人们完全放心。这样一来，对人们参与公益慈善事业的积极性将起到非常好的作用，公益慈善事业也会发展得更好。

捐款更方便

以前捐款并不是很方便，需要找到特定的组织，如果参与来历不明的募捐，又担心上当受骗。有了区块链技术之后，捐款就会变得方便、安全起来，因为区块链可以提供一个更加安全和公开的环境，让人们在捐款时不用担心被骗。这样一来，捐款的途径也就可以变得更多。当人们能够很轻松地找到安全可靠的捐款途径时，捐款的人一定会比以前多出很多。

我们在新闻上经常能看到一些善款去向不明的事件被曝光出来，这使得不少人对慈善机构存在疑虑。一些人甚至认为，某些慈善公益项目存在个人或组织操纵、为己谋利的情况。无论这种顾虑是否属实，都会极大地打击人们对慈善公益的信心，也会降低公众捐款的热情。应用区块链技术之后，捐款能够更加放心，也更加方便。比如，平台引进符合监管要求的机构，对资金进行托管，将平台和捐赠资金全程隔离，并通过区块链让善款的去向更透明。当公众十分清楚善款的去向后，对慈善机构也就会更加放心，捐款热情也将大幅提高。

2020年，面对突如其来的疫情，有很多人愿意向疫情严重的地区捐款捐物。中国雄安集团开通了一个慈善捐赠管理溯源平台。在慈善捐赠溯源平台上，我们能够看到爱心捐赠列表，里面清晰记录着捐赠物品的流向。比如，某批由杭州趣链科技有限公司捐赠的物品，捐赠时间为2020年2月6日晚7时39分33秒，接收方为中部战区总医院（武昌园区）。由此可见，在区块链技术的帮助之下，捐赠信息的透明度大大提高，公信力也变得更强。

区块链技术使公众对慈善公益的信心大增，同时也使公众参与慈善公益更加方便。两者相结合，大大提升了公众参与慈善公益的热情。

腾讯公益引入区块链技术后，筹款项目全部“上链”。在区块链技术的帮助之下，腾讯公益项目的数据信息具有全程可追踪、可回查、可溯源、不可篡改等属性。在过去的几年时间里，腾讯9.9公益日的善款总额不断增加，由刚开始的2.28亿元变为2019年的24.9亿元，再到2020年的30.44亿元。

由于现在几乎每个人都在使用微信，而在微信当中，点开腾讯公益是很方便的，所以人人都可以轻松通过腾讯公益来进行捐款。在腾讯公益的微信小程序当中，在很多救助项目介绍的底部，都可以看到“本项目的捐款记录已被区块链永久保护”，并可以在这句话的链接里看到《区块链电子认证》的照片。方便快捷的捐款途径，公开透明的善款信息，使腾讯公益得到了更多人的认可，使用的人越来越多。

区块链给公益慈善所带来的好处是巨大的，并且，它会通过影响公益慈善事业而影响到整个社会的风气。当诚信和慈善成为社会的主旋律，社会将会充满善意和美好。到那时候，也许有人已经不记得这是区块链的功劳，但区块链技术还会继续默默承载着整个社会的发展，作为基础技术，让社会这栋大厦更加牢固。

精准扶贫

除了让捐款环境变得更加安全和公开之外，区块链在公益慈善事业上的应用，还可以让扶贫变得更加精准。这对于公益慈善事业，也是一个非常重要的点。如果善款不能得到合理分配，扶贫无法做到精准，也会严重打击人们捐款的积极性。

精准扶贫意义重大，国家对其非常重视。国家将精准扶贫作为一个重点项目提出，希望它能够改善民生。精准扶贫的每一笔善款，都一定是精确到人的，这和粗放式扶贫有很大的区别，显得更有力度。

没有好的技术支持，精准扶贫说起来容易做起来难。区块链技术因为拥有可追溯、防伪造、不可篡改、加盖时间戳以及全程记录等特点，让精准扶贫得以实现。当精准扶贫应用了区块链技术之后，可以对贫困人员进行非常精准的识别，然后用最科学和精准的方法进行帮扶。

工商银行和贵民集团合作打造的精准扶贫跨链平台是我国第一个应用于精准扶贫方面的区块链项目。第一批扶贫资金已经发布到位，这个发布利用了区块链，资金的数额为157万元。

这个扶贫平台让跨链合作成为可能，这是它最大的创新。扶贫项目属于民生工程，和它联系到一起的部门和环节非常多。这个平台利用区块链的技术，让数据实现了互通和整合，充分将区块链防篡改和可追溯的特点利用了起来。

精准扶贫在以前是很难做到的事，可是当公益慈善事业和区块链技术结合时，本来困难的事就变得简单起来。当每一笔善款都能发放到最需要它的人手中时，公益慈善事业将会达到最佳效果。这让需要帮扶的人得到了帮助，也让所有献出爱心的人觉得自己的努力没有白费，对公益慈善事业的发展将会产生巨大的积极作用。

第四章

区块链

商业运用案例集锦

区块链在商业场景中的巨大作用并不只是说说而已，它是真正能够起到作用的。区块链技术的应用也不仅仅是设想，它的确可以应用到具体的商业活动当中。本章所提到的优秀的区块链商业运用案例就是最好的证明。

中国银联运用区块链技术实现跨行积分兑换

以金丘股份的海星区块链为底层基础架构，中国银联的控股子公司银联数据对一款共享积分系统进行了研发，并且将这一系统上线。有了这个系统，用户可以更加轻松地进行积分跨行兑换。对于银行之间的积分管理来说，这个系统无疑具有非常重要的意义。

这个新的共享积分系统已经在几家银行之间完成了相关的测试，没有发现太大的问题，它将会在银联的各个银行逐渐投入使用。如果能够正常投入使用，这将会是国内第一个规模巨大的区块链商用平台。在区块链技术应用的道路上，中国银联走在了国内企业的前列。

可能很多人都在兑换积分的过程中遇到过麻烦。一些人常常使用信用卡，积分倒是有不少，可是想要兑换一些自己喜欢的礼物，却总是遇到各种问题，比如积分虽然不少，却不足以兑换自己喜欢的礼物；拥有各个银行的信用卡，积分也分散在几个银行那里，无法整合到一起，导致单个银行的礼物兑换不了，积分成了鸡肋，只能看不能用，最后白白浪费掉。

这样的情况经历得多了，人们就渐渐对积分失去了兴趣。反正有积分也兑换不了礼物，那么有没有积分其实都一样。正因如此，大部分人并不关心自己的积分。

相关调查显示，在使用信用卡的人当中，居然有将近90%的人并不清楚自己有多少信用卡积分。这数据一点也不夸张，因为从积分兑换的情况就能看出一二。中国的银行用户每年在银行所产生的积分总额数是十分惊人的，有百亿人民币之多，然而真正被兑换的积分连一半都不到。

因此，至少有一半的银行用户完全不关心自己的积分是多少。而兑换了积分的那一部分用户，大概也没有多少人真正对积分了然于心。

从用户对银行积分的漠不关心就能看出，银行的积分兑换系统存在一定的问题。在这样的积分系统之下，大部分人无法真正使用自己的积分，所以人们才会对积分没有兴趣，如果每个人都能轻松将积分兑换成礼物，那么用户对积分兑换的热情绝不会这样低。

积分是银行用来提升用户忠诚度的一种营销手段，如果积分系统不能起到它的作用，大部分人都对积分毫无兴趣，那么这个系统就应该进行调整了。以前，银行不是没有看到积分系统存在的问题，也不是不想做出调整，只不过如果在传统模式下去建立一个新的积分系统，需要非常高的成本，很不划算。

国家工程实验室区块链研究总监严翔翔表示："在中国银行用户积分总额约400亿的时候，只有50%的积分被兑换。预测400亿积分中25%需要跨行兑换，兑换平台手续费费率1%的话，一年收入约1亿。但构建这个对接多个银行、商户的中心化平台，成本远不止一个亿。"

可见，要搭建一个跨行兑换积分的系统，存在很大的成本问题。不过，有了区块链技术之后，成本问题就能够得到解决。在区块链技术的帮助下，甚至可以不用成本，就能完成这项任务。

严翔翔还说：“但是，如果使用区块链，这一个亿可以全都省下来。”

区块链技术给跨行积分兑换提供了强有力的技术支持，有了区块链技术，跨行积分兑换将变得轻松、容易。人们可以轻松地将自己的积分整合起来，兑换到自己心仪的礼物，再也不用担心积分不够用了。积分也将不再是鸡肋一样的存在，会受到更多用户的重视，进而真正起到帮助银行增强用户黏性的作用。

这个建立在区块链技术之上的系统，除了能够让积分的兑换更加方便之外，还有其他作用，比如避免合作成员之间的信息不对称，增强彼此之间的信任；使整个平台的可扩展性和可靠性进一步提高；因为区块链技术安全可靠的属性，使得系统建设和维护的成本有所降低；提高各种业务的处理效率。

总之，区块链技术给银联带来的好处是方方面面的，不仅仅是跨行兑换积分的便利。如果能够将区块链技术进一步应用，银联一定能在未来发展得更好。

丰田汽车运用区块链技术追踪汽车零部件

区块链技术具有可追溯的特点，如果用在一些产品的追踪上，会有非常好的效果。丰田汽车就将区块链技术运用在了追踪汽车零部件上。丰田汽车公司利用区块链技术来储存每个零部件的生产、加工和使用情况，一旦汽车的零部件出现了问题，就可以迅速找到零部件的来源，进行更换。

汽车零部件在物流方面一直存在着痛点，而物流对于汽车后市场（汽车销售以后围绕汽车使用过程中的各种服务）来说非常重要，可以说是汽车后市场的一个核心。物流做不好，汽车后市场也就很难做好。

现在的汽车主要是三大体系：德系、日系和美系。在这三个体系当中，又有各种各样的车型，微型车、小型车、中型车、中大型车、豪华车、MPV、SUV等；不同的品牌，还有国产和进口的区别。汽车市场的复杂状况，让汽车的零部件的种类和数量十分庞大，一般人很难理出一个头绪来。

在这样庞大的规模面前，传统的分类法在具体使用时显得捉襟见肘。有些汽车的零部件比较特殊，螺丝和车标等缺一不可；有些汽车的零部件价格昂贵，动辄上万元。汽车零部件的复杂，给汽车零部件的物流系统提出了更高的要求。

我们以刹车片为例，来看看一个原装的汽车零部件信息要如何获得。

1.先确定是什么部位的刹车片出现了问题，是左右刹还是前后刹。

2.搞清楚了前面的问题之后，你需要知道这辆车的发动机型号是什么，生产的年份、批次是什么。

3.知道车的VIN号码。由于很少有人会知道零部件的OEM码，因此在对零部件进行查询时，通常用VIN号码或者是年款。VIN的号码每一辆车都有，而且是唯一的。在ASE标准的规定之下，每辆车的VIN号码都是17位字符构成的，这些字符中包含了车辆的很多信息，比如制造年份、制造商、车型、发动机代码、车身形式及代码、组装地点等。

上述就是汽车原装零部件信息的获得途径，看起来非常烦琐，需要花费很多精力。对于一个品牌的4S店或者一个汽车厂商来说，由于品牌是特定的，只是车型不同，有可能相对简单一些，但是，寻找原装零部件的过程依旧是烦琐的。这个过程不但令人感到厌烦，还会浪费时间，并且有可能会出现错误。如果这个过程能够变得简单起来，不但可以让工人节省精力、心情更加舒畅，还能节约时间，减少出错的情况。

正是基于对这些问题的考虑，丰田汽车才将区块链技术应用到追踪汽车零部件上。如果没有区块链技术，想要追踪汽车的零部件，是很困难的，即便能够实现，也要花费大量的成本。有了区块链之后，由于它具有可追溯的特性，追踪汽车零部件只是一件轻松的小事，不需要花费太多成本。

丰田汽车公司对区块链技术的研究其实是多方面的。丰田汽车公司的金融服务部门在对区块链分布式账本进行测试，并准备将区块链技术应用到金融或非金融领域。为了对区块链有更深入的研究和了解，丰田公司加入到R3联盟当中，成为R3联盟里非银行企业的一员。要知道，在这个联盟当中，非银行企业并不多。

丰田公司金融服务部门CFO兼战略创新主管认为，在线分布式账本对跟踪某种资产的所有权能够起到非常好的作用，它能够让这个追踪过程变得更加容易。因此，如果用这项技术追踪汽车零部件，将会是个非常不错的方法。如果能够利用区块链技术，把司机的个人设备和汽车以及城市的道路基础设施传感器连接到一起，那将会是一种更为美妙的体验。不过，这种体验显然需要对区块链技术有更深入的挖掘才行。

做事当然还是从简单一点的内容开始做起为好，于是，丰田公司选择将区块链技术应用到了追踪汽车零部件方面。区块链技术能够将成千上万个零部件记录下来，它们的行踪都被记录在案。这样一来，丰田公司的工作效率变得更高了，而且，一旦供应链出现了中断的情况，这些记录便会帮上大忙。

微众银行与华瑞银行联合开发区块链应用系统

在接受媒体的采访时，微众银行副行长兼首席信息官马智涛表示，微众银行和华瑞银行联合开发了一套区块链应用系统。有了这一套系统，两家银行的微粒贷联合贷款将会变得更加方便，它的清算可以是实时的。

马智涛所说的这个系统，并不是一个愿景，它已经投入使用了。马智涛表示，希望可以和更多的银行展开合作，将这个系统完善得更好。

微粒贷是微众银行的一个代表性产品。这是一种消费贷款，主要是面向个人的。它的用户数量很多，增长速度也比较快。客户的数量突破千万，发放的贷款超过了一千万笔，金额总值超过一千亿元。

和传统银行不同，微众银行没有线下网点，它是一个互联网银行。它在资金方面也和传统的银行有差别，它自己没有太多的资金，80%的资金是从其他银行那里获取的。因此，微众银行做的是联合放贷，这也是它和其他银行的合作方式。比如微粒贷的年化利率是18.25%，日利率是万分之五，微众银行自己获得这些利息的30%，剩下的70%利息由合作银行获取。

正是因为微众银行与其他银行有这种独特的合作模式，所以它特别需要有一个资金清算的先进系统。有了这个系统，微众银行才能够和20多家合作银行展开合作，否则容易出问题。

如果用传统的方法进行合作，就要把交易与资金结算分开，合作的两个银行分别记账，等交易完成之后，银行还要在对账上花费大量的人力和物力。这样的做法，成本高还容易出错。而且，这个数据是由对方记录的，准确性和真实性会受到怀疑，这样将不利于合作的展开。

有了区块链技术之后，合作的双方将信息全都记录在区块链系统之上。这些信息公开透明，双方都可以看到，而且这些信息非常安全，没有人可以随意篡改它。在这种情况下，不但信息是可以被信任的，而且清算也可以实时进行，交易进行完，清算也就结束了。整个过程简单迅速，不仅提高了效率，还节约了成本。

在这个区块链应用系统当中，区块链所起到的主要作用就是解决数据所有权的问题。因为区块链是分布式的，所以交易信息能够被每一个节点获取到。不过，由于加密算法的存在，如果不是交易节点，就不能解读，只能够获取这个账本。如果有人更改了账本，全网都会知道。因为共识算法的存在，让交易和实时清算进行成为可能。当上家发起记账之后，需要下家对数据认可，这样交易才能够完成。价值转移在交易的过程中实现，而与此同时，资金清算也完成了。在区块链技术的帮助之下，资金的结算和清算效率得到了非常大的提高，银行之间从此不必再做那些复杂的数据交换和对账清算工作了。

微众银行会对区块链应用系统进行更多的开发。将来，和微众银行合作的银行能够把自己的部分信息写进区块链里，然后，微众银行可以提供统一标准的区块链进行对账服务，还将提供统一的操作视图和交互接口。

这样一来，合作银行就能够充分了解信贷和资金交易的信息，并且这种了解是全面、实时和高效的。合作银行还可以进行实时的款项监控，这样就不需要再为麻烦的对账文件感到头疼，也不需要为复杂的对账工作忙得焦头烂额，轻轻松松就能把工作做好。

百度推出基于区块链技术的原创图片服务平台“图腾”

各个商业领域对于区块链的热情一直都非常高，对于区块链技术的应用也都在不断做着各种各样的探索。区块链技术其实已经在很多场景中开始得到应用，这些应用就像一个个分散的点，最终会形成一个生态系统，让整个商业系统变得更有公信力。

百度作为互联网企业中的巨头企业，在区块链技术方面的探索一直没有停止过。百度在区块链技术的应用上，也有一些成绩，比如推出基于区块链技术的原创图片服务平台“图腾”。

互联网上的图片不计其数，相同的图片一抓一大把。想要从这些图片当中找到并保护原创的图片，实在是太难了。在没有区块链技术之前，这几乎是天方夜谭。但是，有了区块链技术后，这种不可能变成了可能。

百度对于原创内容的保护一直都非常在意。为了保护原创内容，维护版权，百度做出过各种各样的努力，比如它推出过很多个产品解决方案，用来保护图片原创作者的利益。不过，由于没有先进的技术，效果肯定不如有区块链技术支撑的“图腾”好。有了“图腾”这个建立在区块链技术之上的原创图片服务平台，百度对原创图片的版权保护可以做得非常到位。

“图腾”在使用了区块链的技术之后，还借来了百度搜索平台的巨大力量，这还不够，它还有百度第三方合作伙伴的力量来帮衬。于是，一个从图片生产开始，到权属存证、图片分发、交易变现、侵权监测、维权服务等内容全面覆盖的完整版权服务平台，就这样诞生了。

“图腾”建立在三项核心技术之上，除了区块链技术之外，还有大数据以及人工智能技术。有区块链技术的支持，版权存证系统就能够建立起来。这个版权存证系统，能够给原创图片提供一种“存在性证明”，这个证明具有十分明确的时间标记。同时，由于还有很多图片版权机构在和百度合作，因此当原创图片的版权被授权，相关授权信息也会被记录下来。

“图腾”具有一站式在线维权的功能，这个功能也是靠区块链技术才得以实现。当侵权行为被系统发现，系统就会对其进行取证，然后将这些都记录到区块链里。

人工智能和大数据，主要是用来对版权进行检测，它们是版权检测系统的基础。大数据和人工智能加在一起就是一个非常智能的检测系统，能够对全网的数据进行识别，准确率在99%以上，可以说是相当高了。这个系统最快能够在两小时对一万张图片进行版权检测，并给出检测报告，而且，这个系统不需要休息，可以全天运行，比人工检测更有效率。

“图腾”是能够帮助原创图片的作者维权的，这也是最初开发它的主要目的。但是，“图腾”的用处显然不仅仅是维权这么简单，它其实还能够开发出更多用处来，比如给这些作者提供一些价值变现的方法，让他们能够在更多的渠道展示自己的作品等。

以图片为连接点，“图腾”可以将自己的功能发散出去，产生更广泛的用途。如果能够将百度平台强大的搜索能力利用起来，让原创图片获得更多被别人看到的机会，那么它对于图片原创作者的价值，就不仅仅只是维权了。

“图腾”产品负责人梁子告诉大家，“图腾”是从图片开始的，但它不会在图片上止步不前，会继续向前发展，走向文字、音频、视频等各个原创领域，给更多的版权生态提供服务。与这个方向相对应，百度已经开始和视觉中国、快版权、锐景创意、高品图像等众多合作伙伴展开合作，共同构建一个更完善的生态系统。

当“图腾”从维护原创图片的版权，进一步发展到维护各种原创作品的版权时，它所产生的价值就会更大。区块链技术有这个能力支撑一个更大的原创作品服务平台，所以“图腾”的发展前景还很广阔，不用担心遇到技术不支持的问题。

腾讯打造区块链基础应用BaaS平台

作为互联网企业的巨头之一，腾讯对区块链技术的敏感度绝不低于任何企业，它对区块链技术的布局也早就开始了。早在2015年，腾讯就已经开始研究区块链技术，并为此成立了专门的研发团队。当区块链成为火爆全球的技术，对区块链技术的研究和探索成为主流时，其实腾讯早已经默默在路上走了好一阵子了。

腾讯很早就已经在区块链方面进行了布局，并且在一些场景中，有些区块链技术已经落地使用了。对腾讯在区块链方面的布局，腾讯区块链业务总经理蔡弋弋是很有发言权的。我们可以从蔡弋弋的观点中，了解腾讯对区块链技术的认识和布局。

蔡弋弋认为，区块链技术是非常好的技术，然而它并不是一个万能的技术，不可能仅靠一个区块链技术解决所有的问题。这样的独门武器是不存在的。区块链技术再好，如果没有相应的生态和基础设施来搭配，它的价值也无法发挥。因此，不要将区块链技术神化，也不要低估区块链技术的影响力，要对它多一点耐心。

蔡弋弋表示，最简单的是你想通过区块链技术解决什么样的痛点。如果不用区块链技术也能活得很好，那就不要用。不要为了区块链而区块链，也不要为了去中心化而去中心化。

腾讯的区块链团队是在2015年底成立的。腾讯在区块链方面是研发先行，先成立研发团队，并确认技术路线，从零开始搭建。

微黄金是腾讯在做区块链项目时实验的第一个内部落地的商业场景。银行、腾讯等多个机构参与到微黄金产品中来，用多个节点共同参与记账。其中，由腾讯提供联盟链的底层技术支持，保障底层的性能、安全性、可靠性、便捷性；其他参与的机构主要考虑怎么利用区块链的特性做应用创新，做好业务逻辑就可以了。

腾讯已经搭建了一个区块链的基础架构平台，叫区块链即服务BaaS平台，目前有很多注册用户在做测试和应用开发。

我们常说的云计算包括三层，分别为云的架构IaaS、PaaS、SaaS，这个BaaS平台就处于中间层，叠加了区块链的服务层。这一层会提供给开发者基础的区块链接入内容，并且会把一些配套能力植入进来，比如身份验证、大数据等能力，都会被整合进来。可以让开发者除了用区块链技术还能获得其他的一些能力，可以更高效地搭建他的应用，这样对他也是有好处的。再往上走就是基于区块链的SaaS服务，比如供应链金融开放平台，可以让银行、核心企业、供应商、代理商这样一些角色参与进来各司其职。

平台上商业应用的数据，腾讯不持有，也没有权限看。链上需要有多少节点由应用开发者自己决定，节点的拥有权也是应用者的，腾讯只是平台服务机构，这些数据也不属于腾讯。

BaaS平台是2017年11月上线的，现在已经开放了，节点购买也已经逐步完善了。腾讯从一开始就坚持从基础平台开始研发和运营。

早期，腾讯和使用平台的企业沟通较多，腾讯希望他们能反过来推动自身平台的完善。完善都是逐步的，不可能一蹴而就。腾讯搭建的是一个自助/半自助的平台，通过指引和手册就能搭建应用，而不需要太多研发团队的介入、辅助，尽量减少人工参与。

腾讯也希望能形成一个生态，有很多伙伴基于腾讯区块链搭建垂直行业应用，最终形成多点开花的局面，共同打造一个基于区块链应用的生态平台。

值得一提的是，腾讯是第一批通过可信区块链评测的企业。

可信区块链评测是中国信通院推出的中国的第一个区块链技术标准，这个标准更具有实践性。

通过可信区块链评测，可以评估你是否真的用了区块链技术，是否真的具有不可篡改等基本区块链特性。这里面会提出一系列技术检测标准，看你有没有达到，腾讯也是制订标准的参与方。

这个行业需要标准，不然关于区块链的话题，人们聊的概念都不一样，甚至有些企业号称自己做区块链，其实只是拿着数据库进行改编。有了可信区块链这个权威标准以后，就可以把明显挂羊头卖狗肉的企业过滤掉，让真正做区块链技术的企业获得背书。

区块链技术很火爆，但区块链人才却总是让人感觉难以找到。区块链这个行业本来就很新，没有几个人做过区块链。就像当年移动网络的到来时一样，企业很难招聘到做安卓、iOS开发的人才。因此，腾讯自己培养人才，这样才能有源源不断的人才产生。

阿里巴巴用区块链技术实现食品可溯源

俗话说，病从口入。如果食品不安全，有可能会给人的身体健康带来巨大的伤害，所以人们对食品安全的要求是很高的。可是，食品安全又不太容易做到，因为食品从生产一直到流入消费者的手中，中间需要经过太多的环节，有时候还要进行各种加工，其中任何一个环节出现了问题，都将导致食品安全出现问题。

食品安全的问题很难做好，所以才有了“三聚氰胺事件”“苏丹红事件”和“地沟油事件”等。虽然食品问题接二连三地出现，人们也迫切希望能够有办法保证食品安全，可由于技术的限制，人们一度找不到完美的解决方案。直到区块链技术的出现，才让食品安全问题有了解决的可能。

区块链技术可溯源的特性，对于保证食品安全具有非常重要的作用，能够给食品安全带来全新的希望。如果能够用区块链技术建立一个食品可溯源的体系，那么假如有食品出现了问题，就可以找出问题出在哪里。这样一来，不但可以迅速发现问题，还可以及时解决问题。由于发现问题及时，就算是食品真地出现了问题，也不会造成太恶劣的影响。而且，在区块链技术的帮助下，人们知道很难在这样的系统中造假而不被发现，就不会轻易造假了。

区块链技术对于食品溯源的作用，一是在出现食品安全问题时，能够迅速找到问题的源头，责任到具体的环节和人身上。还有一个是可以提供标准的记账方式，把产品流转过程中的每一个环节都记录下来，确保产品的整个流程是安全的。

区块链对于食品安全的作用十分明显，能够实现食品的可溯源。既然如此，当然会有很多企业或者个人注意到这一点，并试图开发相关的应用。阿里巴巴就将区块链技术用在了食品可溯源上，让问题食品再也没有藏身之地。

阿里巴巴本来重心并不在卖食品上，但是随着阿里巴巴布局线下超市，搞起了新零售，阿里巴巴线上线下对食品的销售也逐渐增多。食品的安全问题就成了阿里巴巴需要关注的问题，如果能够让问题食品没有生存的空间，不但对消费者有好处，对阿里巴巴也有很大的好处，比如能够取得消费者的信任等。

食品安全问题实际上一直都是一个世界级的难题，不仅我国会出现食品安全问题，其他国家也会出现。每年花费在食品安全方面的人力和物力非常多，但是效果却不明显。如果用区块链技术来做食品的可溯源系统，不但可以让食品更加安全，还可以让所有的环节都变得更加公开透明，让消费者在购买时彻底放心。

阿里巴巴对区块链技术的研究在很早的时候就开始了，并且有一些具体的应用已经开始实施。2017年3月，阿里巴巴宣布和普华永道、新西兰邮政、恒天然在新西兰签署全球跨境食品溯源的互信框架合作协议。针对这个协议，这些企业共同表示要把区块链等先进的技术用在透明可追溯的跨境食品供应链上。要用这种技术来推动中国和新西兰之间食品安全的发展，让中国消费者能够喝到纯正的新西兰进口鲜奶。

阿里巴巴对新技术的反应，向来不比别人慢。阿里巴巴将区块链技术应用在食品的可溯源上，其实是从消费者最关心的方面，给消费者吃了一颗定心丸。当你在阿里巴巴的平台购物时，想到这里的商品连食品都是绝对安全的，还有什么不放心的呢？毕竟食品的安全是最难把控的，连这最难把控的都做好了，其他商品的品质几乎不需要去怀疑。

从这一点来看，阿里巴巴棋高一招，懂得用最快的速度取得最好的效果，从最关键的问题入手，一下子将最重要的问题解决掉，剩下的问题就不再是难以解决的了。不过，阿里巴巴做食品安全的区块链应用，显然并不是只为了自己平台的食品安全，而是为整个食品行业着想。

如果阿里巴巴所开发的食品可溯源应用能够发展得更加完善，应用到所有的食品安全领域和平台，那对消费者来讲，可真是受益无穷了。如果那一天真的到来了，食品安全这个困扰了全世界人民很多年的问题，就能够得到解决。

微信支付+区块链，解决开发票的难题

现在几乎人人都有一部智能手机，有的人甚至有两部或者更多，而移动支付也几乎成了每个人都在使用的支付方式。但是，移动支付一直有一个痛点没有解决，就是开发票难的问题。

传统的开纸质发票的过程让很多人感到烦琐，是一种非常令人抓狂的体验。也有一些人觉得这种开发票的方式，和数字化的现代生活显得格格不入，不明白为什么很多内容都数字化了，发票却还要这么传统。他们不愿意等着商家给自己开票然后填写报销单，不愿意走公司里那过程烦琐的报销流程，只想尽快将报销的款项拿到手。

其实，对于传统的开发票方式，不仅消费者感觉烦琐，商家同样也感觉麻烦。开传统的发票，往往要等消费者结账之后，找专门的人来进行。这不但会影响工作的效率，还容易因为开票的速度慢或者开票的过程出错而引起纠纷。如果开票时正值消费高峰期，所带来的混乱将会影响生意。

虽然传统的发票不受欢迎，但人们却一度没有能力改变这种模式，只能忍着。可是，区块链技术又一次改变了现状，让电子发票变成解决人们开发票痛点的一条路。

腾讯将微信支付和区块链技术相结合，让区块链电子发票的流程成为

能够在线上完美运行的体系。于是，开发票不需要有线下流程，可以全部转到线上。腾讯给人们带来的便利还不止如此。因为有微信的入口，所以区块链电子发票使用起来非常方便，几乎没有什么门槛，每个人都可以学得会。

使用区块链电子发票的过程非常简单。当消费者使用微信完成了消费之后，在微信上一键申请开票、储存、报销。简单的操作之后，发票的信息就会同时传递给公司和税务局。与此同时，消费者可以对发票的报销状态进行查询。这样一来，几乎可以做到开票和报销同步，再也不需要长时间等待了。

消费者在这样的开发票模式之下，能够享受到快速报销的便利，同时免去了复杂的报销步骤；而商家在这种情况下，也会得到好处，比如节省了开发票的成本，提高了开发票的效率等。

除了提供更便捷的开发票方式之外，区块链技术的加持，还能使开发票这件事变得更加安全，因为区块链技术能够将开发票变得可以追溯，并且它的信息会有不可篡改的属性。这些特性非常有助于相关部门对发票的监管。利用区块链技术还能够迅速发现开假发票的行为。

传统的发票报销可能会遇到各种麻烦，而区块链电子发票则不会遇到这种问题。有的公司报销需要打印发票，区块链电子发票也能解决这种问题。传统的发票很难做到批量查询真伪，而区块链电子发票如果要进行批量查询，是很简单的。传统发票是纸质的，成本比较高，而区块链电子发票不需要纸质媒介，成本非常低。

总的来说，区块链电子发票能够让消费者和商家都感到满意，并且对于相关部门的管理和查询，也有非常大的好处。

对消费者来讲，发票的储存能够在区块链上进行，发票的流转和报销同样也可以在区块链上进行；对企业来讲，发票的申领、开具、查验、入账也都可以直接在区块链上做到；税务局等相关部门对发票的管理，也可以直接在区块链上进行。整个过程都是可以在区块链上进行的，特别方便，足不出户就能够做到了。

深圳市税务局和腾讯一起发布了区块链电子发票，这是我国第一个区块链技术和发票相结合的生态体系应用。腾讯能够有这样的区块链技术应用研究成果，可见在区块链技术上确实花费了不少力气。

其实，腾讯除了在电子发票方面应用了区块链技术之外，在游戏、公益、供应链金融、智慧医疗等场景，也有区块链技术的应用。如果腾讯一直致力于对区块链技术的研发，未来一定能够研发出更多的应用。在造福消费者的同时，腾讯公司本身也将获得极大的发展。

IBM用区块链解决供应链问题

2017年8月，IBM和10家食品生产商、零售商展开合作，利用区块链技术来帮助这些商家实现供应链溯源。

IBM有一个Food Trust系统，这个系统是建立在IBM的区块链技术之上的，并且还有云解决方案作为辅助。在这个系统当中，食品的数据约为100万个。这些数据在IBM的区块链平台和IBM的一些合作伙伴共享。在IBM的Food Trust系统上，食品数据交易数量超过35万个。

食品交易的欺诈行为，给全世界的食品行业带来了巨大的损失，每年因此而损失的金钱数额在100亿~150亿美元之间。有时候，一些非有机食品会被当成有机食品被送出去，而肉类则并非消费者希望吃到的种类。

过去，这种行为是无法杜绝的，而IBM的区块链解决方案副总裁认为，用区块链技术非常有希望能够解决这个问题。

在IBM的Food Trust系统上，能够获取很多数据信息，通过这些信息互换来提高信息的透明度，从而产生信任。在这个网络当中，人们能够更加了解整个流程当中的细节，对农场、工厂、运输的过程以及零售店，都可以有比较深的了解。整个供应链的问题，都可以通过这个系统得到解决。

芬兰一家零售合作社加入了IBM的食品信托生态系统，为的是能够对鱼片的供应链进行跟踪，对整个流程有更多的了解，找到鱼片的源头。用了IBM的系统后，这家零售合作社对商店里出售的鱼片进行了跟踪，通过追溯，了解到这些鱼是在哪一个湖泊当中被捕捉到的。

对于食品的源头，消费者可以扫描食品包装上的二维码进行了解。IBM的Food Trust系统，让整个食品的供应链一目了然，让食品能够被追踪，同时也让消费者买得放心。

在用区块链解决食品供应链的问题方面，IBM并不是孤军奋战，它和其他企业展开了充分合作，其中不乏一些大企业，比如沃尔玛。

沃尔玛和IBM就区块链食品安全领域的应用研究方面，达成了战略合作关系。它们会合力对区块链技术追踪食品供应链进行研究，为普通人解决餐桌上的饭到底能不能放心吃的问题。它们还和清华大学一起研究追踪猪肉的问题。很快，京东会开始和IBM合作，对区块链技术在供应链溯源方面的研究展开合作。

除了用区块链解决食品供应链的问题，对食品进行追踪之外，IBM还对其他行业的供应链问题进行过研究，比如珠宝行业。

Trust Chain是一个能够追溯珠宝来源的区块链项目，是IBM开发出来的。Trust Chain以IBM的区块链技术为基础，与很多珠宝商有着合作，让它的数据更加充足。Trust Chain能够让参与者对交易的每一步都进行检查，确保每一步都是真实有效的，为此它有一个专门的机制。当有争议出现的时候，只需要在区块链上进行查询，就能够知道问题出在哪里了。

IBM在供应链方面的区块链技术应用还有很多，比如它和丹麦物流巨头马士基共同推出了建立在区块链技术基础之上的跨境供应链解决方案，这个解决方案是行业级的巨大解决方案。

2018年1月，IBM和马士基宣布，双方将会在创建基于区块链技术的航运与供应链公司方向上展开合作。这次的合作，有可能会令全世界的供应链——无论是银行还是海关，无论是港口还是航运——都向着区块链的方向变化，让区块链变得更加商业化。

IBM和马士基表示，它们将会在新的项目上展开合作，这会让区块链技术给全球跨境供应链带来巨大的变化。

这个区块链解决方案，可以让物流行业来使用，也可以用在海运上。这个解决方案能够让供应链流程向数字化的方向转变，企业将可以对全世界数千万个船运集装箱的书面记录进行跟踪和管理。贸易伙伴之间的信息将会实现高度共享，信息也会变得更加透明。如果能够大规模投入应用，将会给整个行业节省高达10亿美元左右的开支。

可以看出，IBM在供应链方面所进行的区块链研究非常多。如果IBM能够一直这样研究下去，说不定可以由点到面，将社会上一些比较重要的领域的供应链问题都解决掉。当然，最重要的还是这份热情。当人们对区块链技术的应用抱有极大热情时，离区块链技术的广泛应用就不远了。

IBM区块链身份证开发成功

区块链技术既然那么可靠，又具有安全和不可篡改的属性，那么为什么不能做一个区块链身份证呢？如果有了区块链身份证，人们随时随地都可以证明自己的身份，再也不需要携带证件了，这样不就更方便了吗？

的确，如果能够使用区块链身份证，像证明身份这种事情，就会变得非常简单。区块链技术的特性，让它足以成为能够证明身份的系统，这是不需要怀疑的。当我们可以使用区块链技术来证明身份，生活中的一些难题就会迎刃而解。比如，一则曾经很火的新闻中提出的“怎么证明我妈是我妈”的问题，如果能够用区块链技术来做身份认证，就根本不是问题了。

对于这个新闻，《人民日报》是这样报道的：

“该怎么证明我妈是我妈！”这是北京市民陈先生的一句感慨。听起来有些好笑，却是他的真实遭遇。

陈先生一家三口准备出境旅游，需要明确一位亲人为紧急联络人，于是他想到了自己的母亲。可问题来了，需要书面证明他和他母亲是母子关系。可陈先生在北京的户口簿，只显示自己和老婆孩子的信息，而父母在江西老家的户口簿，早就没有了陈先生的信息。在陈先生为此感到头大时，有人指了一条道：到父母户口所在地派出所可以开这个证明。先别说派出所能不能顺利开出这个证明，光想到为这个证明要跑上近千公里，陈先生就头疼恼火："证明我妈是我妈，怎么就这么不容易？"而更令陈先生窝火的是，这一难题的解决，竟是"得益于"向旅行社交了60元，就不需要再去证明他妈就是他妈了。

现在，我们所使用的身份证，只能证明我们自己的身份，无法体现和其他人的关系，正因如此，才有了陈先生所遇到的那种尴尬局面。如果能够用区块链技术来做身份证，除了自己身份的信息之外，还可以加入一些和其他人的关系的信息，这样就不会有上述的麻烦事出现了。

区块链身份证并不是天马行空的设想，其实IBM对区块链身份证进行过开发，并且开发成功了。

为了在区块链技术的基础上建立起一个全球去中心化身份识别系统，IBM公司加入到一个私立的非营利组织当中，并在这个组织当中充当创建者以及管家的身份。在创建数字身份网络时，IBM公司提供了它所具备的硬件系统，也做了它在网络与安全等各方面所擅长的事情。

在创建这个全球去中心化身份识别系统时，这个组织认为，人们平时在生活当中的状态，和在网络上的状态是不一样的。如果每个人都能够在网络世界拥有一个身份认证，那么网络世界就会像现实世界一样，显得更加真实。

对于这个问题，IBM区块链总经理说："我们相信区块链是建立新型网络信任模式的新机遇，我们可以实现在没有中介的情况下，个人和组织可以安全地分享私有信息和凭证。”

可见，IBM所开发的区块链身份证，是在网络虚拟世界中的身份证。其实，如果区块链技术应用得足够好，完全可以做一个现实世界的区块链身份证。

区块链如果和生物识别技术结合起来，就能够让身份认证的准确程度变得更高。目前，生物识别技术虽然精准度较高，可是对信息的储存并不是那么安全。有了区块链技术的加持之后，精准的认证加上安全的信息储存，身份认证就会变得更加强大。

现在已经有一些项目把区块链技术和生物识别技术结合起来。那些证件的信息会被加密处理后储存在用户那里，而数据指纹则放到区块链上，然后还有可以用来做数字身份认证的私钥。于是，信息数据就变得更加安全可靠了。

区块链和大数据相结合，可以让身份认证的范围大大增加。每个人都有一个独特的身份，所以也就有了独一无二的数据。要想让更多的人享受到身份认证的服务，就要有非常多的数据，即大数据。区块链具有可追溯的属性，能让身份认证的各种数据更加真实可信，让大数据和身份认证的结合成为可能。

Hashed Health用区块链技术解决医疗行业难题

在医疗行业，区块链技术拥有巨大的潜力，这个潜力几乎是人人都能看见的。很多人都知道区块链技术能够给医疗行业带来改变，但真正做得比较好的，还是比较少的。Hashed Health可以算是其中的佼佼者了，甚至可以说它是医疗区块链解决方案的领导者。

Hashed Health是一家专注于区块链和分布式账本技术的医疗创新企业，它主要给区块链解决方案和区块链网络提供社区开发、监管指导、咨询服务、技术支持、产品开发等服务。它的一切努力，都是为了加速区块链技术和网络的设计、应用以及开发。

Hashed Health是2016年成立的，总部位于美国田纳西州的首府纳什维尔，应用区块链技术来解决医疗行业中的一些核心问题，是这家公司最喜欢做的事。John Bass是Hashed Health公司的创始人兼CEO，在区块链和分散式医疗技术方面，他是国际公认的发言人。他有20多年的医疗技术领域经验，是非常专业的医疗人才，对协作健康平台、供应链、临床表现、患者参与、基于价值的支付等内容，都有十分丰富的知识。

John Bass一开始在另一个公司担任CEO，但是这家公司后来被收购了。于是，John Bass在2016年创办了Hashed Health。为了解决医疗服务难题，他开发分散式和分布式解决方案，并且跟私营和公共部门的客户合作。对于公司的定位，从公司的名字就能看出一些端倪，Hashed Health这个名字中包含着区块链的重要算法——Hash算法。John Bass将公司的战略定位描述为精简医疗健康领域无效的流程和模式，解决医疗领域众所周知的问题。

Hashed Health公司自诞生以来，利用区块链技术的先进性，解决了很多医疗行业的难题。

支付问题

看病贵是很多人都面临的问题，有些时候，面对高昂的医药费，人们需要做出选择——究竟是看病还是不看病。如果是不太严重的病症，又需要花费特别多的费用，或许人们会考虑其他办法，比如通过调理将身体养好等。

面对支付问题，人们会面临选择困难的情况，这也是困扰患者的问题之一。Hashed Health利用区块链技术设计了一个全新的医疗支付生态系统，让人们在做医疗保健时，可以轻松做出更为理性的选择。

管理供应链

在供应链上使用区块链技术，能够让供应链变得更公开透明，同时也能让整个供应链变得更加安全。在医疗行业，如果能够管理好供应链，就不用担心药品会出问题了。

Hashed Health的团队对供应链的管理，有十分丰富的经验，他们都是很专业的供应链管理者。Hashed Health对供应链进行合同签订、跟踪和追查、主数据管理以及设备生命周期计划。Hashed Health准备将供应链和物联网结合起来，让供应链变得更加先进。

健康管理

把健康留给医院并不是最好的选择，人们应该主动管理自己的健康，这才是最健康的生活方式。健康的工作不应该只在医院做，而是应该将功夫用在平时。如今全球老龄化加剧，每一个老年人都应该管理好自己的健康，过更健康的生活。

Hashed Health准备利用区块链技术建立一个科学的健康管理平台，为人们提供健康管理的方案。在这个健康管理平台上，每个人的健康数据都会被收集起来，用于分析个人的健康状况，提供最合理的健康管理建议。

智能合约会在这个健康管理平台上大显身手。它能够对人们的健康进行智能识别，一旦发生紧急情况，就会在第一时间发出警报，并且会通知出状况者的医生和亲人。除此之外，智能合约对建立本地可访问的健康社区项目，也会有非常重要的作用。

除了对个人的健康进行监测之外，这个平台还可以给参与者提供一些有益健康的活动，让人们的日常生活变得更加有趣。它还能够提供专门针对老年人的监测方案，利用物联网追踪、处理紧急事项，也能制订管理急性和慢性疾病的护理计划等。

临床试验

新药的开发是一件非常困难的事，需要做大量的临床试验。有的制药公司用10年的时间，前后花费26亿美元，才得以让一款新药上市。新药上市有多么困难，从中可以看出来。

药品开发需要大量的时间、资金以及精力。其中，大部分的成本都会用在临床试验以及太过复杂的多机构行政上。为此，Hashed Health和政府顾问以及药物研发行业的几家公司展开合作，在“分散式IRB”管理方面进行探索，希望能够创造一个更合理的实验结果评审和管理机制。有了区块链技术的帮助，对于来源于不同试验场所和不同试验患者的结果，可以有更合理的评审和管理，有效降低了因为多中心试验方式而产生的高昂试验成本。

结语：区块链的未来与挑战

区块链技术是非常先进的，它是塑造全新时代的有力的技术武器。在区块链技术的帮助之下，人类社会将进入一个全新的阶段，整个社会环境会变得更加安全、高效、公平、和谐。这是区块链最终的发展结果，也是区块链最遥远的未来场景。

如果将目光放近一点，在最近的几年当中，区块链将会有哪些变化呢？区块链又将面临哪些挑战呢？

看得见的未来

一、区块链有可能将数据孤岛瓦解，让真正的大数据出现。

我们总说大数据，但是大数据并没有完全发展成熟。如果把区块链和大数据结合起来，就能够给大数据带来巨大的影响，甚至比区块链在其他领域的影响更大。

区块链和大数据结合之后，就能将数据孤岛打破，在数据之上建立起一个值得信任的环境。这样一来，对数据的使用以及各种合作的开展，都将变得简单起来。以前虽然大数据这个概念被很多人所接受，然而数据搜集起来之后，并不是汇聚到一起的，而是分散在各个中心化的系统当中，彼此毫无联系。这样的大数据，就像一个个孤岛，具有特别大的局限性。

区块链技术的分布式结构，能让所有的数据都实现共享，这样大数据的真正价值才能够被挖掘出来，大数据时代才会真正来临。

二、区块链可以把共享经济变成一种更为先进的共生生态。

在移动互联网普及之后，“共享”成为人们普遍认可的一种理念，因为将资源共享之后，资源的浪费就会减少，这对整个社会来讲是十分有利的。

但是，现在人们所提到的共享，和真正的共享还有很大差距。比如共享单车，看起来是共享了自行车，然而由于资源分配不均衡、不科学，也会有大量的自行车被闲置，得不到使用。这在一定程度上造成了资源的浪费，是不太完善的共享方式。

区块链技术和共享结合起来，能够让共享变得更加科学。区块链可以打破各个共享平台中心化运作的模式，让共享平台变得更加开放，形成一个更大的网络体系。当所有的数据都能够共享，各个共享平台都连接到一起，对资源的分配就会更加科学合理，资源的浪费就会减少，那才是真正的共享。

更为重要的是，区块链技术能够提供一个共生的生态，让每个人都成为分享者，同时也成为使用者。共享将会变得更加自主，人们可以根据自己的意愿去选择共享的方式，主动参与到共享当中，而不只是被动参与共享。

此外，区块链技术所提供的安全的环境以及可以追溯的特性，能够让人们在共享的过程中更加放心。于是，共享所涉及的内容会更广，涉入的深度会更深。

需要直面的挑战

区块链技术虽然好，但也有一些挑战需要人们去面对。

一、51%攻击问题。

区块链技术是十分安全的，原因在于它的结构是分布式的，数据的储存也是分布式的。当一个节点的数据被篡改，其他节点不会受到影响，对整个区块链不会带来危害。在一般情况下，区块链非常安全，然而如果有超过一半的节点的数据被篡改了，整个区块链系统的数据就会被篡改，这就是51%攻击问题。

尽管要做到让区块链半数以上的节点数据都发生变化是非常困难的，但也并非一点可能都没有。如果区块链不能解决这个风险，到时候有可能因为这个问题，给整个区块链网络带来毁灭性打击。

二、资源消耗。

区块链网络之所以能够正常运行，是因为有众多的算力接入区块链网络，来为它提供运行的动力。这些算力主要用来进行十分纯粹的CPU计算，不会产生真实的社会价值。因此，这种行为是一种消耗资源的行为，需要用电力去维持计算机的运行，还对CPU和人力资源造成了浪费。

为了保持一个安全的环境，算力的竞争是最好的解决方式，也就是说，这些资源的消耗是值得的。但是，如果有比区块链技术更先进的技术出现，说不定可以让资源的消耗变得更少。从这种角度来看，尽管对区块链技术来讲，资源的使用是正常的，但它实际上也是一种浪费。

在区块链网络规模还不大时，资源的浪费并不是特别明显，等区块链网络变得更大、更成熟时，资源的浪费就会越来越多。其实，挖矿变得越来越难这一点，就已经让一些挖过矿的人停止挖矿了。如果区块链技术不能解决资源浪费的问题，可能会成为限制它发展的因素之一。

三、规模和数据的处理速度。

区块的规模有限，为1MB，区块产生的速度慢，10分钟才能产生一个，这是制约区块链技术发展的重要问题。区块链在小的场景中使用时，这样的规模和速度还可以接受，但在更大的场景中使用时，就显得有些力不从心了。只有解决了规模和数据处理速度的问题，区块链技术才能应用到更为广阔的领域当中去。